Phänomen-Verlag

Enjoy your Evolution!

Tom Amarque

Der Wille

Ein Handbuch zur Steuerung
der Evolution

Phänomen-Verlag

Bibliografische Information Der Deutschen Bibliothek:

Die Deutsche Bibliothek verzeichnet diese Publikation in der Deutschen Nationalbibliografie; detaillierte bibliografische Daten sind im Internet über http://dnb.ddb.de abrufbar.

Tom Amarque
Der Wille
Ein Handbuch zur Steuerung der Evolution
EAN 978-3933321-73-2

Phänomen-Verlag Norina Ebele Hamburg
Web: www.phaenomen-verlag.de
E-Mail: kontakt@phaenomen-verlag.de

Satz & Gestaltung: Phänomen-Verlag

Inhaltsverzeichnis

Danksagung

Ich möchte mich bei all denen bedanken, die mich bei der Realisation dieses Buches unterstützt haben, besonders Nikolai Zipplies, Marco Pabst, Alexander Graeff, Carsten Neumark, Dennis Wittrock, Hardy Fürch, G & R und natürlich meiner Frau, die mir wie immer die schärfste Kritikerin war, die man sich nur wünschen kann.

Menschsein ist Evolution, die sich ihrer selbst bewusst wird.

Julian Huxley

Die Evolution des Menschen ist die Evolution des Bewusstseins. Und Bewusstsein kann sich nicht automatisch entwickeln. Die Evolution des Menschen ist die Evolution seines Willens, und der ›Wille‹ kann sich nicht unwillkürlich entwickeln. Die Evolution eines Menschen ist die Evolution seiner Fähigkeit, ›zu tun‹, und das ›Tun‹ kann nicht das Ergebnis von Dingen sein, die ›geschehen‹.

G. I. Gurdjieff

Verstehen ist die letzte Illusion.

Gautama Buddha

Einleitung

> *Inspiriert durch hinduistische Quellen wird das Bewusstsein in der theosophischen Literatur mittels dreier Aspekte beschrieben: Wille, Denken und Fühlen. Die westliche Philosophie scheint sich dabei ausschließlich für den Intellekt zu interessieren, beginnt nur wiederstrebend den Gefühlen Aufmerksamkeit zu schenken und zeigt keinerlei Interesse an dem Willen. Eine wahre integrale Psychologie ehrt indes alle drei Aspekte. [Frank Visser, Ken Wilber:* Denker aus Passion*]*

Die soziologische Systemtheorie untersucht, wie wir Menschen via Kommunikation unsere soziale Wirklichkeit formen. Die Kommunikation von Themen gilt dabei als Element der sozialen Systeme, während Psyche und Nervensystem zur Umwelt dieser sozialen Systeme gehören. Erkenntnis beispielsweise findet in sozialen Systemen nicht statt. Erkenntnis kann sozial zwar kommuniziert, aber nicht von Sozialsystemen erzeugt werden.

Darüber hinaus ist heute als Tatsache der biologischen Erkenntnistheorie anerkannt, dass die externe Außenwelt, wie sie ein Beobachter rein sinnlich wahrnimmt, eine Konstruktion des Gehirns und des Nervensystems ist. Die wahrgenommene Welt gilt nach diesem *konstruktivistisch* genannten Theoriengebäude als nichts anderes als das Resultat der Gesamtheit neurophysiologischer Operationen. Das heißt nicht, dass das Nervensystem die externe, materielle Welt erzeugt, zu dessen Phänomenbereich es gehört, sondern dass das Nervensystem einfach seine eigene operative neuronale Wirklichkeit erzeugt.

Was auch immer wir beispielsweise von einer Person hören, so ist das, was wir hören, doch stets die neurologische Kodierung physikalischer Schallwellen, welche das Nervensystem anregen, ohne in es einzudringen. Das Nervensystem operiert dabei lediglich in Form elektrisch-chemischer Reize, nicht in Form von Schallwellen oder Gedanken/Vorstellungen, welche *psychisch* innere Repräsentationen sind.

Psychologisch fundierte Erkenntnistheorien untersuchen daher das Problem des Beobachtens ausgehend von der Psyche des Menschen und erklären, dass uns als psychischen Beobachtern die Operationen des Nervensystems nur als Konzeption oder Vorstellung zugänglich sind und dass wir als psychische Beobachter – unabhängig von einer gedachten, ontologischen Umwelt, zu der auch das Nervensystem gehört – nicht die Grenzen unserer Psyche überschreiten können. Mit anderen Worten: Wir können nicht in Form von elektrochemischen Synapsen- oder Neuronenaktivitäten denken, sondern nur in Form von Gedanken und Vorstellungen. Diese Gedanken und Vorstellungen mögen an die Aktivitäten des Nervensystems gekoppelt sein, doch inwiefern sie dies sind, ist uns als psychischen Beobachtern vorerst noch unmöglich zu sagen.

Aus diesem Grund haben die psychologisch-konstruktivistischen Erkenntnistheorien offenbart, dass die Psyche ihre Wirklichkeiten, zu der auch ihre Vorstellung *und* Erfahrung einer externen, materiellen Außenwelt gehört, selbst konstruiert. Bemerkenswerterweise wird nun entwicklungsgeschichtlich die Information, dass und wie die Psyche unsere psychische ‚Landkarte' und Vorstellung der Welt erzeugt, bislang nur sporadisch vom Bewusstsein erzeugt. Die Operationen der Psyche, die für die Konstruktion der psychischen Wirklichkeit verantwortlich sind, scheinen zu komplexer Natur zu sein, als dass wir ad hoc eine Bewusstheit über jene Tiefenstruktur dieser Operationen hätten, die es uns ermöglicht, diese Operationen auch selbst zu navigieren. Die Komplexität unseres sozialen Alltags und unserer Innenwelt ist häufig so hoch, dass wir nur die Oberflächenstruktur unserer psychisch internen Wirklichkeit (zu der beispielsweise auch die Interpretation weltlicher oder sozialer Ereignisse gehört) beobachten können. Die Psyche muss erst im Verlauf ihrer Evolution lernen, diese Information zu erzeugen, das heißt, zu verstehen und zu begreifen, dass wir unsere psychische Wirklichkeit selbst formen.

Im Allgemeinen kann das Nervensystem insofern als ein biologisches System[1] zwischen den Systemen Psyche und Gesellschaft (als Gesamtheit aller sozialen Systeme) und einer ganzen Reihe weiterer Systeme begriffen werden, deren Funktion unter anderem darin besteht, Kommunikation von unterschiedlichen Psychen untereinander sowie Interaktionen der Psyche mit nicht-psychischen Entitäten zu ermöglichen. Diese Art von *struktureller Kopplung*, also der wechselseitigen Inbezug-

1. Wie wir sehen werden, ist es hier schon notwendig festzuhalten, dass sich Systeme stets durch ihre Elementrelationen kennzeichnen. Die Psyche als System verfügt über andere Elemente (Gedanken, Vorstellungen) als das Nervensystem mit seinen Neuronen und Aktivitätspotentialen.

nahme unterschiedlicher Systeme mit unterschiedlichen Elementen (Psyche: Gedanken und Vorstellungen; Nervensystem: Neuronen; Gesellschaft: Kommunikation) ist eine der Grundannahmen der Systemtheorie. Diese Theorie zeigt, dass es unmöglich ist, dass der psychische Beobachter absolute Aussagen über die externe Außenwelt oder das Nervensystem (das heißt alle Systeme außerhalb der Psyche) machen kann. Dies ist eben deshalb so, weil wir als Beobachter nur innerhalb der Psyche operieren.

Die Konstruktion des Willens

Die traditionelle, aristotelische Erkenntnistheorie war nun davon ausgegangen, dass die Welt genauso ist, wie sie sich in der Wahrnehmung zeigt und hatte damit die konstruktiven Leistungen der Psyche (und des Nervensystems) veräußerlicht. Die Grundannahme dieser 2000 Jahre lang vorherrschenden Erkenntnistheorie war, dass unsere Wahrnehmung die Welt mehr oder weniger 1:1 abbildet. Ausgehend von diesem Paradigma wurde die Welt und die Gesamtheit aller Dinge – also auch der Wille – auf diese Weise beobachtet und bewertet.

Für unsere Überlegung ist dies von großer Bedeutung, denn zu dieser Phänomenologie der Welt gehörte dementsprechend ein Willensbegriff, der im Wesentlichen darin bestand, die Stärke, das Durchsetzungsvermögen oder die Kraft zu kennzeichnen, mit denen sich ein Individuum in dieser ontologisch gedachten Welt bewegt oder sich in ihr durchsetzt und sie verändert. Teil dieser Ansicht war zudem die Auffassung, dass sich Wille in der Stärke zeigt, mit der die Vernunft Gefühle und Emotionen unterwirft.

Die Vernunft wurde seit der Aufklärung im achtzehnten Jahrhundert als die wesentliche psychische Kapazität betrachtet, mit der man sich in der Welt orientiert, sie erforscht und erkennt. Wille wurde dabei als das besondere Agens verstanden, welches die durch die Vernunft gesetzten Ziele in einer externen Welt umsetzte. Gerade die Moderne und mit ihr das rational denkende Individuum, das aus den traditionellen Werten ausbrach, machte sich so den Willen untertan und spannte ihn zur Erfüllung seiner individualistischen Zielen ein. Dr. Susanne Cook-Greuter, eine international anerkannte Forscherin auf dem Gebiet der Erwachsenenentwicklung, bezeichnet diese Entwicklungsstufe des Menschen als die ‚selbst-bewusste' Entwicklungsstufe, bei der Wissenschaft kulturell institutionalisiert wird und bei der sich Demokratie und liberale Ideale wie Religionsfreiheit, Gleichberechtigung, freier Meinungsausdruck und Presse entfalten. Andere Bezeichnungen dieser Stufe sind das ‚modernistische Bewusstsein' (Steve McIntosh) oder das ‚orange Mem' (Don Beck).[2]

Interessanterweise hängt die Entwicklung der Moderne dabei ganz eng mit der Vorstellung der Evolution zusammen, denn die Idee, dass sich das Universum ausgehend von einem Urknall entwickelt oder dass die biologischen Arten einer Evolution unterworfen sind, kennzeichnet den Paradigmenwechsel zur Moderne. Vor der Moderne ging man davon aus, dass Gott die Welt erschaffen, die Erde ins Zentrum des Universums gesetzt und den Menschen als ursprüngliche Nachkommen von Adam und Eva als seine Statthalter eingesetzt hatte. Diese Glaubenssätze wurden in der Moderne überwunden und zeichnete sich dadurch aus, die externe, gottbefreite Welt erforschen und beherrschen zu wollen. Und der Wille wurde dabei als das Mittel verstanden, dies zu erreichen. Das heißt, schon in der Moderne hing der Wille mit der Konzeption der Evolution zusammen. Hinzu kommt: Wille wurde philosophisch als das Agens begriffen, durch das sich die Evolution in menschlicher Hinsicht ausdrückt. Platon nannte dieses Agens, das in evolutiver Hinsicht von einfacher zur höherer Komplexität führt, *Eros*. Bergson nannte es später *élan vital*. Doch am deutlichsten wird diese Deutung des Willens in der Philosophie Arthur Schopenhauers, der in dem Willen ein universelles Prinzip erkennt, das auch im Menschen seinen Ausdruck findet.

Mit dem Wandel von der modernen, in diesem Sinne repräsentationalen Erkenntnistheorie (repräsentational also in dem Sinne, dass unsere Sinne die wirkliche Wirklichkeit 1:1 widerspiegeln) zu einer operativ-konstruktivistischen Erkenntnistheorie (dass soziale Systeme, Nervensystem und Psyche ihre eigenen Wirklichkeiten erzeugen), muss nun aber eine Theorie über den Willen auf radikal andere Grundlagen gestellt werden. Denn hätte nicht der Wille eine ganz andere Funktion in der Ausnutzung des sich diesbezüglich ergebenden Freiheitsspielraums, wenn wir offen legen könnten, wie die Psyche ihre Wirklichkeiten selbst erzeugt?

---

2. Dem aufmerksamen Leser wird nicht entgangen sein, dass wir hier das Phänomen der stufenweisen Entwicklung/Evolution des Bewusstseins als gegeben und gültig voraussetzen.

Wenn wir als psychische Beobachter unsere psychische Wirklichkeit erzeugen, könnte dann nicht der Wille das Werkzeug sein, um diese psychischen Wirklichkeiten zu gestalten? Würde dies in der Folge nicht bedeuten, durch die Anwendung von Wille nicht nur unsere Interpretationen von physikalischen und sozialen Ereignissen verändern zu können, sondern auch dass wir durch diesen Willensakt mitgestalten könnten, nicht nur *wie* wir auf bestimmte Ereignisse reagieren, *sondern ob und wie wir diese überhaupt beobachten wollen*. Eine Bejahung dieser Frage würde also zwangläufig darauf hinauslaufen, sich damit auseinanderzusetzen, wie wir die Ereignisse und Phänomene unserer Erfahrungswirklichkeit selegieren.

Und hieße dies dann nicht, dass Wille eine bedeutende Rolle darin spielt, wie wir die Welt und uns selbst beobachten? Würde dies nicht bedeuten, dass wir, anstatt zu denken, in einer Welt zu leben und uns via Willen in dieser Welt zu bewegen, tatsächlich mit einer Wirklichkeit leben, die mit jedem Willensakt verändert wird? Mit anderen Worten: Wäre dann nicht Wille das Mittel, um unsere Landkarte der Welt – unsere psychische Wirklichkeit – verändern zu können? Ein solch konstruktivistischer Wille hätte dann die Funktion, die psychischen Wirklichkeiten, zu der *neben anderen Erfahrungswirklichkeiten* auch die Wahrnehmung und Erfahrung einer externen Umwelt gehört, nach Maßgabe der Vernunft und des Gefühls zu formen und zu verändern, und zwar im Rahmen der weiteren psychischen Evolution und Emergenzbildung.

Dieses Buch will zeigen, was für Konsequenzen sich ergeben, wenn wir eine Theorie des Willens auf neue, konstruktivistische Grundlagen stellen und hervorheben, welchen Nutzen und welche evolutionären Vorteile sich daraus ergeben. Denn so ein Wille ist nicht nur Ausdruck eines komplexeren Bewusstseins und damit das Resultat der psychischen Evolution, sondern, wie wir sehen werden, auch das Mittel und Werkzeug, diese psychische Evolution weiterhin zu navigieren.

Die Entwicklung des Selbst

Nun wird in der Psychologie, um einen Schritt weiterzugehen, die Psyche gemeinhin als alleinige Ursache des Willens angenommen. Niemand außer uns selbst erzeugt unseren Willen: Dass der Wille uns selbst in genuiner Weise entspringt, ist eine unserer grundlegendsten Selbsterfahrungen. Doch was ist eigentlich das Selbst?

Wie Steve McIntosh in seinem Buch *Integrales Bewusstsein*[3] erörtert, besteht das menschliche Selbst aus drei großen Entwicklungsbereichen: Kognition (Erkennen), Emotion (Fühlen) und Volition (Wille), wobei er diese drei Bereiche als Einheiten der Metastrukturen für weitere Aspekte und Entwicklungslinien des Selbst setzt, Entwicklungslinien, die sich teilweise miteinander überschneiden:

Kognition: z.B. linguistisch, mathematisch-logisch, musisch, kreativ, Moral und Werte, Weltanschauung, Kommunikation,
Emotion: z.B. Angst, Wut, Trauer, Dankbarkeit, Sexualität, Hoffnung, Liebe, Kommunikation
Volition: z.B. Handlungsfähigkeiten, Fertigkeiten, Motivationen, Konzentration, Intentionalität, Kommunikation

Auch in der Entwicklungspsychologie wird das Selbst als Einheit von Denken, Fühlen und Wille verstanden. Das Selbst (mit seinen Elementen) ist dabei – wie auch immer es in der Vergangenheit modelliert wurde und in Zukunft modelliert wird – dem psychischen Beobachter immer nur in Form eines Modells, als Konstrukt oder eine Vorstellung denkbar und dadurch erst erfahrbar. Ohne psychischen Beobachter gibt es kein Modell über das Selbst. Doch wenn wir Willen in konstruktivistischer Hinsicht neu modellieren, stellt sich damit unmittelbar die Frage: Zu welchen Konsequenzen für eine Vorstellung oder ein Modell des Selbst führt das Ausüben von Wille? Verändern wir nicht das Selbst, wenn wir den Willen – als Element des Selbst – auf neue Grundlagen stellen? Und hinzu kommt: Ist nicht das Selbst eine modellhafte psychische Wirklichkeit, welche sich dann durch den Willen verändern lässt? Und unmittelbar taucht die Frage auf: Wie soll dann ein Selbst beschaffen sein? Um diese Frage zu beantworten, müssen zwei Dinge erwähnt werden.

Zunächst wissen wir spätestens seit den Arbeiten von Robert Kegan, Don Beck und Clare Graves, dass das Selbst – und dabei vor allem das Denken und Fühlen – gewissen Entwicklungen unterworfen ist[4]. Viele psychologische Entwicklungs-Modelle bedienen sich dabei einer drei-

---

3. McIntosh, Steve, *Integrales Bewusstsein*, Hamburg, 2009.
4. Vgl. z.B. Kegan, Robert, *Die Entwicklung des Selbst*, München, 1994.

phasigen Einteilung, um diese Entwicklung zu skizzieren, und diese Differenzierung kennzeichnet im Allgemeinen *die zunehmende Differenzierung und Integration der Komplexität von Psyche oder Selbst* und damit unterschiedliche Stufen der Organisation der Komplexität der Psyche. So finden wir etwa die Maslow`schen Stufen moralischer Entwicklung (prä-konventionell, konventionell und post-konventionell), die Stufen kognitiver Entwicklung (prä-rational, rational, trans-rational) oder die Stufen personaler Entwicklung (prä-personal, personal, trans-personal), wie sie von der Transpersonalen Psychologie verwendet wird. Eine ähnliche Differenzierung ist die von *prä-egoisch, egoisch* und *post-egoisch,* und diese Differenzierung, die die Stufen zunehmender Bewusstheit über die Selbstkonstruktion und der Selbstentwicklung des Individuums im Allgemeinen kennzeichnet, wollen wir in diesem Buch verwenden. Diese Differenzierung kennzeichnet die Grade notwendiger Ich-Konstitution und Ich-Transzendenz.

Des Weiteren haben Forscher wie z.B. Susanne Cook-Greuter und Clare Graves gezeigt, dass die Psyche erst eine bestimmte Form der Emergenz und Komplexitätsverarbeitung erreicht haben muss, um die Idee der Evolution des Geistes und der Psyche überhaupt begreifen und umsetzen zu können. Als einfachstes Beispiel sei dafür angeführt, dass Kleinkinder, die eine prä-egoische Stufe der Entwicklung durchlaufen, diese Entwicklung selbst weder beobachten noch steuern können. Sie geschieht ihnen einfach. Unabhängig davon, welche Phasen also die Evolution der Psyche im Detail durchläuft, kann sich der menschliche Geist die Kapazität erarbeiten, das Konzept der Evolution der Psyche fassen zu können, um sie im nächsten Schritt auch selbst steuern zu können. Diese psychische Emergenz des Erfassens und Steuerns der psychischen Evolution wollen wir nun *post-egoisch* nennen, und es lassen sich unterschiedliche post-egoische Emergenzstufen des Selbst beobachten, die unterschiedliche Grade dieses Erfassens und Steuerns der Evolution kennzeichnen.

Um bei Cook-Greuter zu bleiben: Es sind also höhere Stufen der Bewusstseinsentwicklung nötig, um die Idee der sich sukzessiv entfaltenden Bewusstseinsstufen *bei sich selbst* erfassen zu können. Nicht zuletzt deshalb sagte Julian Huxley, dass *Menschsein Evolution ist, die sich ihrer selbst bewusst wird.* Oder, um mit Steve McIntosh zu sprechen: *Wir sind gleichzeitig Produkte und Agenten der Evolution.* Man muss sich also nicht nur die Evolution der Psyche und des Selbst vorstellen, um sie aktiv steuern zu können, sondern man muss sich auch vorstellen können, *dass* man diese Evolution selbst steuern kann. Damit erzeugt man dann *die Möglichkeit* der Navigation. Wenn wir dies aber tun, verändern wir die Wirklichkeit des Selbst, und diese Veränderung geschieht durch den Willen. Sprechen wir so über die Veränderung des psychischen Modells vom Selbst via Willen, müssen wir auch zwangsläufig den Gedanken akzeptieren, dass sich die Beschreibungen und Modelle vom Selbst ändern (und dies in der Vergangenheit bereits getan haben).

Wenn wir über den Willen unsere psychische Wirklichkeit gestalten, dann können wir auch die Wirklichkeit unseres Selbst gestalten? Und heißt dies nicht auch, dass wir mit Willen auch höhere Stufen der Selbstentwicklung realisieren können, Stufen, die ganzheitlicher, integraler, allumfassender und weniger durch die Gedanken und Vorstellungen eines Egos oder einer Ich-Bezogenheit getrübt sind? Stufen, die man früher ‚transzendent', ‚erleuchtet' nannte, heute eher als ‚nondual' bezeichnet?

Diese Fähigkeit – das Erlernen des Beobachtens, Begreifens und Steuerns der Evolution – ist, unabhängig davon, was es sonst noch ist, von seiner Natur her immer Wille. Dabei ist egal, welche Techniken und Methoden im Einzelnen angewandt werden. Jede Anwendung von Willen führt rekursiv zur Entwicklung des Gesamtselbst und der Psyche, weil wir via Willen unsere Wirklichkeiten formen, also auch die Wirklichkeit unseres Selbst. Wille und Selbst – und die Entwicklung derselben – scheinen also in einer engen Beziehung miteinander zu stehen.

Die Entwicklung des Willens

Wie auch immer diese Entwicklungen beschaffen sind, muss – sofern wir die Psyche als Ursache des Willens annehmen – ein integrales wie konstruktivistisches Modell des Willens zeigen, inwiefern mit der Entwicklung des Selbst auch der Wille einer Entwicklung unterworfen ist. Genauer: Wenn wir mit unserem Willen die Entwicklung des Selbst als Gesamtstruktur des Denkens, Fühlens und Wollens anregen, muss sich diese Entwicklung in rekursiver Weise auch wieder auf die weitere Entwicklung des Willens auswirken. Verändern wir das Selbst, verändern wir den Willen. Verändern wir den Willen, verändern wir wiederum das Selbst. Diese gegenseitige Interdependenz unterschiedlicher Systemebenen ermöglicht überhaupt erst die Entwicklung.

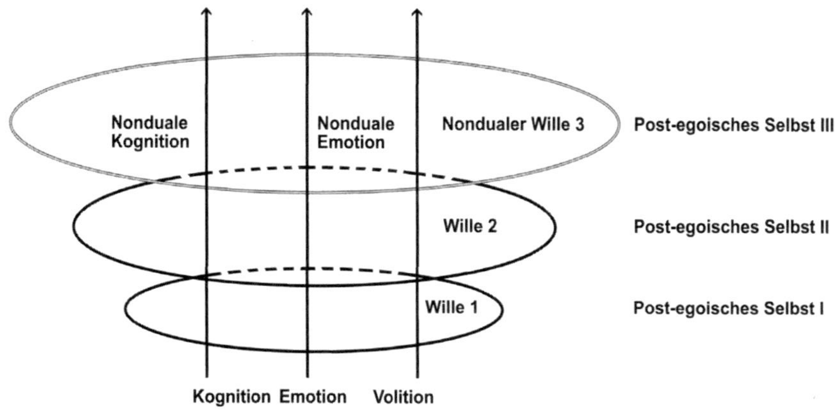

Grafik 1: Entwicklung von Selbst und Wille

In Grafik 1 ist dargestellt, wie die *post-egoische* Entwicklung des Selbst nicht nur mit der Entwicklung des Willens zusammenhängt, sondern auch mit den anderen Elementen des Selbst, nämlich Kognition und Emotion. Jede Entwicklungsstufe des Selbst und des Willens integriert und transzendiert damit die vorherige. Und jede Entwicklungsstufe des Selbst kennzeichnet sich durch eine äquivalente Entwicklungsstufe seiner Elemente. Derart finden wir drei post-egoische Stufen der Volition, deren Definition und Beschreibung Thema dieses Buches ist.

Man muss also davon ausgehen, dass sich mit den unterschiedlichen Entwicklungsstufen des Selbst auch die Qualität und die Quantität des Willens verändern. Aber auch hier gilt: Ohne psychischen Beobachter kein Wille, denn ohne den Beobachter findet keine Beobachtung statt und keine Modellierung und ohne Modellierung kein Wille, mit dem man das Selbst verändern könnte. Nochmals: Begreifen wir den Willen als eine bewusst angewandte Kraft, durch die wir unser Selbst formen und entwickeln können, so muss sich mit der Entwicklung des Selbst auch wiederum der Wille entwickeln. Wie können drei allgemeine Ebenen oder Stufen des Willens differenzieren, die sich lediglich durch die zunehmende Komplexität der Fähigkeit auszeichnen, diese Entwicklung des Selbst und der Psyche tatsächlich zu steuern.

Drei Fragen

Es zeigt sich also, dass die Entwicklung des Selbst und des Willens nicht unabhängig voneinander zu denken sind. Wir haben somit drei zusammenhängende Konstruktionen, denen wir uns im ersten Teil dieses Buches widmen wollen:

1) Welche Rolle spielt der Wille bei der Konstruktion der psychischen Wirklichkeit?
2) Inwiefern kann die Anwendung des Willens die Entwicklung (und damit die Konstruktion der Wirklichkeit) des Gesamtselbst (als Einheit und Gesamtstruktur von Denken, Fühlen und Wille) bedingen?
3) Inwiefern bedingt die Entwicklung des Gesamtselbst wiederum die Entwicklung des Willens?

Bei diesen Ausgangspunkten muss berücksichtigt werden, dass der Wandel von der aristotelischen zur konstruktivistischen Erkenntnistheorie in Bezug auf eine neue Willenstheorie bedeutet, dass wir nicht mehr nach ontologischen Größen fragen dürfen, sondern nach kognitiven Konzepten und Begriffen von und über bestimmte Größen. In diesem Unterfangen dürfen wir aber die Tatsache nicht unterschlagen, dass wir selbst *Produkte und Agenten der Evolution* sind. Wir können nicht anders, als evolutionär zu handeln. Wie wir dies tun können, muss ein neues Modell über den Willen klären, denn Wille Selbst ist das Produkt und das Agens der Evolution.

I. Konstruktion der Autopoiese der Psyche

1. Die Autopoiese der Psyche

Die heutige Systemwissenschaft entstand in den 1970er Jahren aus dem Versuch, die offensichtlichen Widersprüche, die sich zwischen Physik und Biologie zeigten, zu überwinden. In der ersten Hälfte des 20. Jahrhunderts waren Physiker der Ansicht, dass sich das Universum durch den unablässigen Zerfall der Entropie in einer „Abwärtsbewegung" befände. Die Biologen hingegen demonstrierten, dass das Leben irgendwie dieser Tendenz des Energieverlusts widersteht und sich in einer „Aufwärtsbewegung" befindet – indem es im Laufe der Zeit immer höhere Stufen der Organisation entwickelt. Diese Differenz zwischen der Physik und der Biologie war nicht völlig überwunden, bis entdeckt wurde, dass sich bestimmte Aspekte der Materie wie das Leben auch „aufwärtsbewegen". Der Durchbruch der Systemwissenschaften wurde durch die Entdeckung möglich, dass jede Evolution im Universum durch den Prozess selbstorganisierender dynamischer Systeme entsteht, die Energie kanalisieren oder verarbeiten, um ihre Organisation zu entwickeln und aufrechtzuerhalten. Der Erfolg der Systemwissenschaft in der Vereinigung von Physik und Biologie durch ein größeres Verständnis der Evolution wurde dann in dem Versuch weitergeführt, auch die Naturwissenschaften und die Sozialwissenschaften miteinander zu vereinen. [Steve McIntosh, Integrales Bewusstsein*]*

Wir wollen uns zunächst der Frage zuwenden, ob und inwiefern sich unsere psychische Wirklichkeit mit dem Willen verändern lässt. Das heißt, wir wollen uns zunächst der Autopoiese der Psyche zuwenden, um die Grundlage für ein konstruktivistisches und post-egoisches Modell des Willens zu legen. In dem Buch *Die Evolution der Psyche* habe ich die Psyche in freier Verwendung der Konzeptionen von Maturana und Varela als ein autopoietisch operierendes System beschrieben, welches sich durch die Operation ‚Beobachten' selbst erzeugt. ‚Autopoiese' (griech.) heißt wörtlich ‚selbst-machen'. Das Kennzeichen autopoietischer Systeme wie beispielsweise soziale Systeme, das Nervensystem oder die Psyche ist, dass sie *rekursiv organisiert* sind, *d.h. das Produkt des funktionalen Zusammenwirkens ihrer Bestandteile ist genau jene Organisation, die die Bestandteile produziert.* Genau diese Art von selbstgesteuerter Produktion von Bestandteilen nennt man Autopoiese. Wir wollen hier im ersten Teil des Buches die theoretische Grundlage für das Verständnis der psychischen Autopoiese legen, denn ein post-egoischer Wille, wie wir ihn hier skizzieren werden, besteht letztlich immer in der Navigation der Autopoiese der Psyche.

Nun ist es ein recht schwieriges, wenn nicht gar unmögliches Unterfangen, seine eigene Psyche zur Gänze zu beobachten, um zu klären, wie sich die Psyche selbst erzeugt. Was wir tun können, ist, als Psyche mit den Elementen der Psyche aktual zu operieren. Das heißt, wir können uns unsere Psyche immer nur vorstellen und uns Gedanken über sie machen. Wir können sie jedoch niemals als Ganzes (‚wie von außen') beobachten. Was wir beobachten können, sind immer Teilansichten.

Mit Niklas Luhmann kennzeichnete ich in *Die Evolution der Psyche* Gedanken und Vorstellungen[5] als Elemente des Systems der Psyche und zwar in genau derselben Weise, in der wir Neuronen als Elemente des Nervensystems kennzeichnen. In diesem Sinne erzeugt und aktualisiert sich die Psyche immer durch Selbstbeschreibungen als Einheit allen internen Erlebens, als Einheit aller Gedanken und Vorstellungen. Diese Selbsterzeugung nennen wir die Autopoiese der Psyche. Kurz: Die autopoietisch operierende Psyche erzeugt sich selbst. Wie sie dies tut, werden wir hier im ersten Teil dieses Buches erörtern.

Sinn

Nun ist es eine besondere Eigenschaft der Elemente von Psyche – also Gedanken und Vorstellungen –, dass sie nur im Kontext anderer Gedanken und Vorstellungen denkbar sind. Ein Gedanke bekommt seine Bedeutung und seinen Gehalt nur durch die ihm gewissermaßen inhärenten Vorstellungen. Wenn wir denken: „Die Rose hat rote Blätter", so gehen mit jedem einzelnen Wort unzählige Vorstellungen einher: Die von „Rose", „Röte", „Blätter" etc. Und auch Vorstellungen selbst sind in diesem Sinne nur gehaltvoll im Kontext anderer Vorstellungen.

Mit anderen Worten: Gedanken und Vorstellungen ergeben nur im Kontext anderer Gedanken und Vorstellungen Sinn. Unsere Psyche kann nur in Form von Sinn operieren, die Psyche ist ein Sinnsystem. Das bedeutet, dass Gedanken und Vorstellungen mit anderen, nachfol-

5. Vgl. Luhmann, Niklas, *Die Autopoiese des Bewusstseins*, in *Soziale Welt*, Göttingen, 1985.

genden Gedanken und Vorstellungen in Beziehung gesetzt werden. Dieses ‚In-Beziehung-Setzen' von aufeinanderfolgenden Gedanken und Vorstellungen nennen wir Sinn. Es ist interessant zu bemerken, dass Niklas Luhmann den Begriff Sinn in einer ähnlichen Form als „Prozessieren von Differenzen"[6] bezeichnet.

Aus einer anderen Perspektive ist Sinn für Luhmann aber auch die „Einheit von Aktualität und Virtualität"[7] , und damit ist in psychischer Hinsicht nichts anderes gemeint, als dass gegenwärtige Gedanken und Vorstellungen mit früheren und nachfolgenden Gedanken in Beziehung gesetzt werden müssen, um *sinnhaft* zu sein. Interessanterweise können Gedanken und Vorstellungen niemals ohne Sinn sein, denn sie werden immer im Kontext anderer Gedanken und Vorstellungen – folglich immer sinnhaft – erzeugt. Man mag natürlich die Bedeutung eines Gedankens im Kontext einer Moral oder einer analytischen Untersuchung als mehr oder weniger *sinnvoll* einstufen, doch vom Standpunkt psychischen Operierens ist jeder gegenwärtige Gedanke sinnhaft.

Das heißt: Als autopoietisches System mit den Elementen Gedanken und Vorstellungen kann die Psyche genau dann erzeugt werden, wenn ein psychischer Beobachter beobachtet, dass die Psyche einer Menge von Bestandteilen (Gedanken und Vorstellungen) entspricht, die in rekursiver Weise – also genau mittels dieser Gedanken und Vorstellungen – ihre eigenen Bestandteile sinnhaft organisiert[8]. Indem wir Sinn erzeugen, legen wir den Bereich unserer möglichen Gedanken und Vorstellungen fest.

Konstituierend für die Autopoiese der Psyche wirkt also Sinn, welcher nur als Gedanke und Vorstellung konzipiert werden kann und die Erzeugung und Organisation weiterer Gedanken/Vorstellungen ermöglicht. In diesem Sinne ist die Psyche ein sich über Sinn selbst regulierendes System, das zwar an ein ebenfalls autopoietisch operierendes Nervensystem (strukturell) gekoppelt sein kann, aber dennoch selbstreferentiell die Regeln für ihr eigenes Operieren festlegt bzw. festlegen muss.

---

6. Luhmann, Niklas, *Soziale Systeme*, S. 100, Frankfurt a.M., 1984.

7. A.a.O.

8. Vgl. Maturana, Humberto, *Erkennen: Die Organisation und Verkörperung von Wirklichkeit*, Braunschweig, 1985.

Wie Humberto Maturana und Francisco Varela gezeigt haben, kann man das Nervensystem als ein autopoietisch operierendes Netzwerk begreifen, das in Form von elektro-chemischen Reizen mit sich selbst (also seinen eigenen Zuständen) interagiert. Konzepte und Modelle indes – wie die eines autopoietisch operierenden, neuronalen Netzwerkes, das in Form von elektro-chemischen Reizen mit sich selbst interagiert – sind psychische Vorstellungen, die selbst nirgendwo im Nervensystem zu finden sind. Was wir uns von den Operationen des Nervensystems vorstellen können, können wir uns nur durch die Operationen der Psyche vorstellen, denn in diesem Fall haben wir die Kapazität, das Nervensystem ‚wie von außen' beobachten zu können. Wir denken nicht in Form von elektro-chemischen Reizen, sondern in Form von Gedanken und Vorstellungen. Mit anderen Worten: Wir können als Beobachter die Grenzen der Psyche nicht überschreiten, sondern sind an die Gesetze der Psyche gebunden, an ihre Elemente, Regeln und die Autopoiese selbst.

Doch wir sprechen die ganze Zeit vom ‚Beobachten' oder dem ‚Beobachter'. Was ist damit eigentlich gemeint und inwiefern trägt das Beobachten zur Autopoiese der Psyche und der rekursiven sinnhaften Organisation von Gedanken und Vorstellungen bei?

Beobachten

Beobachten heißt zu unterscheiden (wir folgen hier zunächst den Unterscheidungen von George Spencer-Brown und Niklas Luhmann), um das, was (neu) unterschieden wurde, im nächsten Schritt zu bezeichnen.

Diesen Sachverhalt formuliert Maturana weiter aus:

> Die grundlegende kognitive Operation, die wir als Beobachter ausüben, ist die Operation der Unterscheidung. Durch diese Operation, die wir ausführen, definieren wir eine Einheit als eine Entität, die sich von einem Hintergrund unterscheidet, charakterisieren Einheit und Hintergrund durch die Eigenschaften, mit der sie durch die Operation ausgestattet werden und definieren ihre Trennbarkeit.[9]

---

9. Maturana, Humberto, *Autopoiesis*, S. 21, New York, 1981.

Das heißt, dass wir durch die Operation des Unterscheidens eine Einheit erzeugen, die sich von einem Hintergrund abhebt. Als Einheit gilt das, was wir als ‚Eines' beobachten. All das, was als Eines gezählt und damit als Einheit konstituiert wird, hängt nur von der Operation des Beobachters ab. Ein gutes Beispiel dazu ist ein Loch in einer Mauer: Was ist das Loch ohne Mauer? Das Loch kann nur als Einheit oder Eines beobachtet werden, sofern es von einem Hintergrund, hier der Mauer, unterschieden wird.

Beobachten ist immer eine psychische Leistung. Es ist eine wesentliche Funktion der Autopoiese der Psyche selbst, durch welche sie ihre Elemente, nämlich Gedanken und Vorstellungen organisiert. Ohne Beobachtung von Psyche kann nichts über Psyche ausgesagt werden. Beobachtet Psyche sich selbst (und damit das Beobachten), impliziert dies, dass die Bedingungen und Konditionierungen des Beobachtens selbst beobachtet werden. Das Beobachten der Beobachtung führt dabei nicht nur zur Kontingenz und damit dem ‚Auch-anders-möglich-sein' der eigenen Beobachtung (und neuen Freiheitsspielräumen), sondern auch zur Notwendigkeit neuer Kontingenzbewältigungsmethoden. Kontingenzbewältigung führt uns dann wieder zur Frage der operativen Konstruktion: Die Frage liegt dann also nicht nur darin, was wir beobachten *können*, sondern was wir beobachten *wollen*.

Im Gegensatz zu jedem neurologischen Begriff von Beobachten (oder Wahrnehmen) kennzeichnet sich psychisches Wahrnehmen immer durch die Verwendung der Elemente Gedanken und Vorstellungen. Alles psychische Beobachten findet statt durch diese Verwendung von Gedanken und Vorstellungen, selbst und vor allem, wenn es sich um die drei großen Bereiche der Existenz handelt: Materie, Mental und GEIST. Wir kommen darauf zurück.

Operationen

Wir können nun drei Arten von psychischen Beobachter-Operationen unterscheiden, nämlich *prä-egoische, egoische* und *post-egoische*. Wie gesagt, kennzeichnet diese Differenzierung die Entwicklung des Selbst im Allgemeinen und deren Konsequenzen für die Operation ‚Beobachten' im Besonderen. Diese drei Arten von Operationen konstituieren drei vollkommen unterschiedliche psychische Beobachter und führen zu vollkommen unterschiedlichen Leistungen. Dass es sich dabei funktionell betrachtet um unterschiedliche Operationen handelt, die, wie wir später sehen werden, sich erst im Verlaufe der Evolution herausgebildet haben, wollen wir zunächst einmal mit einem einfachen Beispiel beleuchten:

Stellen wir uns einmal vor, wir sitzen im Kreis unserer Freunde, Verwandten oder Arbeitskollegen und unterhalten uns. Im Normalfall fällt es uns gar nicht oder nur selten auf, dass diese Kommunikation im Wesentlichen aus Grunz-, Schnalz-, und ähnlichen Geräuschen besteht, denn wir bewegen uns psychisch vollkommen in einem Raum oder Feld der Bedeutungen, Meinungen, Symbole und Sinnzusammenhänge. Dieses Operieren in einem symbolischen Bedeutungsfeld nenne ich egoisches (oder auch konventionell-rationales) Beobachten. Der egoische psychische Beobachter operiert mit Symbolen und Sprache.

Stellen wir uns nun weiter vor, dass wir in ein fremdes Land kommen, dessen Sprache wir nicht sprechen. Es wird uns ganz schnell offenbar, dass wir in diesem Bedeutungsfeld nicht navigieren können. Wir können keine symbolische Bedeutung erzeugen. Was dann für gewöhnlich passiert, ist Folgendes: Wir beginnen die Laute und sprachlichen Geräusche als solche zu hören und sind nicht selten fasziniert davon, wie man anhand dieser Geräusche Bedeutung erzeugen kann. Dieses psychische Beobachten der Geräusche ist aber – solange wir nur diesen Geräuschen zuhören, ohne zu versuchen, sie rational zu dekodieren oder sinnhaft zu bewerten – eben nicht symbolisch und nicht rational: Es sind prä-egoische (oder eben *prä-konventionelle* oder *prä-rationale)* Beobachtungen. Diese *prä-egoischen Operationen* der Psyche ermöglichen uns, die Höhen und Tiefen, den Rhythmus und die Lautstärke der Geräusche zu beobachten. Beginnen wir aber, diese Eigenschaften der Laute zu beschreiben, operieren wir wieder *rational.* Prärational operieren wir dann, wenn wir sinnhafte Beobachtungen selegieren (ohne sie sprachlich zu bezeichnen).

Darüber hinaus gibt es auch *post-egoische* Beobachter-Operationen der Psyche. Diese Operationen kennzeichnen sich zunächst dadurch, dass sie die prä-egoischen und egoischen Operationen der Psyche transzendieren und miteinschließen. Das heißt, dass sich post-egoische Operationen dadurch auszeichnen, prä-egoische und egoische Operationen der Psyche zu steuern und die systemimmanenten Limitationen des prärationalen und rationalen Beobachters zu überwinden. Der post-egoische Beobachter ist beispielsweise fähig, über sprachliche Kontexte,

Metaphysiken und Weltanschauungen hinauszublicken und diese frei zu selegieren, während der egoisch/konventionelle/rationale Beobachter immer an diese Kontexte, Weltanschauungen und Metaphysiken (die ja sprachlich tradiert werden) gebunden ist, die er selbst durch seine Operationen erzeugt.

Der post-egoische Beobachter verfügt darüber hinaus aber über eine ganze Reihe weiterer evolutionärer Errungenschaften und wir werden diese im Verlaufe des Buches genauer untersuchen.

Die drei Beobachter

Wir unterscheiden also drei psychische Beobachter, und zwar anhand des psychischen Bereiches, in dem sie operieren, sowie ihrer Funktion im Prozess der Autopoiese der Psyche. Wir können einerseits einen weltlich-energetischen Bereich der Beobachtung differenzieren, also einen Bereich, den wir die Bio-Sphäre oder die Bio-Dimension der Psyche nennen wollen: Materie als Konzeption der Psyche. Zu diesem Bereich gehören alle Arten materieller, energetischer und körperlicher Prozesse oder Strukturen, die ein psychischer Beobachter unterscheiden kann. Weil dies die grundlegendste Ebene der psychischen Operationen ist, nennen wir sie Beobachtung ersten Grades. Dieser Beobachter operiert präkonventionell/prärational, also nicht mit Symbolen, sondern mit psychischen Vorstellungen von materiellen, energetischen und körperlichen Formen.

Der Beobachter ersten Grades hat die Fähigkeit, ganz basale Unterscheidungen zu treffen. Er selegiert mit seinen Unterscheidungen den weiteren Verlauf seiner Operationen. Differenzierung und Selektion heißt immer: ‚Dies im Gegensatz zu jenem'. Wir können beispielweise die visuellen, taktilen, olfaktorischen und auditiven Unterschiede in der Struktur eines Baumes oder eines Buches erkennen. Der Beobachter ersten Grades erzeugt diese wirkliche, physikalische Welt nicht als solche, doch er erzeugt sie via *struktureller Kopplung* mit dem Nervensystem. Dementsprechend lernen wir, unterschiedliche Gefühle, Stimmungen und Emotionen zu unterscheiden (nicht zu bezeichnen!). Auch dies gehört zur Bio-Sphäre der Psyche. Allerdings bezeichnet der Beobachter ersten Grades diese beobachteten Phänomene nicht. Dies macht erst der Beobachter zweiten Grades. Der Beobachter ersten Grades ist prä-egoisch.

Darüber hinaus können wir einen sozialen Bereich differenzieren, in welchem ein weiterer psychischer Beobachter operiert – die Mental- oder Sozio-Sphäre der Psyche, der Bereich der Sprache und der sozialen Prozesse. Ohne diesen Beobachter könnten wir nicht mittels Symbolen operieren, und deshalb ist dies der Beobachter, der konventionell und rational operiert (im Gegensatz zum präkonventionellen Bereich, in dem der Beobachter ersten Grades operiert). Dieser Beobachter zweiten Grades emergiert mit Sprache und Kultur.

Der Beobachter zweiten Grades operiert mit symbolischen Interpretationen und Deutungen jener Ereignisse, die zur Bio- und Soziosphäre gehören. Ebenso wie der Beobachter ersten Grades selegiert der Beobachter zweiten Grades durch seine Operationen den weiteren Verlauf seiner Interpretationen und Deutungen. Hat man sich einmal entschieden, jenes rote, duftende, schöne und stachelige Etwas mit der Zeichenfolge ‚R-O-S-E' zu bezeichnen, ist schon einiger Aufwand nötig, um diese sprachliche Konditionierung wieder rückgängig zu machen. Hat man sich ebenfalls einmal dazu entschieden, bestimmte Kommunikationsformen anderen vorzuziehen – beispielsweise Smalltalk anstatt von moralischen Diskursen – so erfordert es auch eine gewisse Bewusstheit, den Kurs selegierter Kommunikation zu verändern und nicht auf den alten Kurs zurückzufallen. Dasselbe gilt nicht nur dafür, was wir kommunizieren, sondern auch wie wir kommunizieren. Der Beobachter zweiten Grades ist ein egoischer Beobachter.

Zuletzt können wir einen dritten Bereich der Beobachtung unterscheiden, nämlich den Bereich der psychischen oder geistigen Prozesse selbst, den Bereich der reinen Beobachtung von Beobachtung. Es ist der Beobachter dritten Grades, der die Operationen der ersten beiden Beobachter steuert. Damit kann er auch dafür sorgen, Bindungen an bestimmte Unterscheidungen und Konditionierungen aufzulösen. Dieser Beobachter kann den Beobachter zweiten Grades also dahingehend orientieren, rationale Metamodelle über das Beobachten zu erzeugen. Zudem bietet der Beobachter dritten Grades die Grundlage für das, was man im *Zen* den ‚Zeugen' nennt und ermöglicht, wie Ken Wilber es sagen würde, die direkte Erfahrung des GEISTES durch den GEIST. Wir nennen dies den *Beobachter dritten Grades* und dieser Beobachter kennzeichnet sich dadurch, dass seine Operationen post-egoischer Natur sind.

Wir werden uns gleich den besonderen Charakteristiken dieser Beobachter zuwenden. Doch im Allgemeinen ist zu bemerken, dass Beobachten immer kontingent ist. Ein Individuum kann beispielsweise einen Wald auf die oder aber auf eine andere Weise beobachten. Der gleiche Wald stellt sich für jeden Beobachter anders dar, denn – abgesehen davon, dass sich auch die Welt als physisches Phänomen kontinuierlich verändert – jeder Beobachter nimmt einen unterschiedlichen physikalischen Punkt in der Raum-Zeit ein (dies ist das *Beobachten ersten Grades*). Darüber hinaus wird der eine das Holz und dessen mögliche Nutzung wahrnehmen, ein anderer wird über das Waldsterben sinnieren (*Beobachten zweiten Grades*). Und keiner kann von sich behaupten, seine Wahrnehmung sei die einzig mögliche und richtige (*Beobachtung dritten Grades*). Die einfache Beobachtung des Waldes nennen wir Beobachten ersten Grades. Doch diese Beobachtung ist etwas anderes als die sprachliche Kennzeichnung desselben. Die sprachliche Kodierung basiert auf den Operationen des Beobachters zweiten Grades. Er unterscheidet nicht materielle oder sinnlich wahrnehmbare Formen, sondern soziale Formen, sprich Sinn, Meinungen, Kommunikation und Themen. Die Beschreibung des Waldes ist nicht gleichbedeutend mit der Beobachtung des Waldes. Die Funktion des Beobachters dritten Grades liegt indes darin, die beiden ersten Beobachter navigieren zu können.

Beobachten ersten Grades

Beobachten ersten Grades ist das rein psychische Äquivalent zum neurologischen Wahrnehmen. Deshalb sind die Operationen des Beobachters ersten Grades prä-egoisch oder auch *prä-rational*. Beobachten ersten Grades ist also einfaches Unterscheiden und zwar in Bezug auf Phänomene der Biosphäre. Ich möchte dieses Beobachten ersten Grades anhand von zwei Eigenschaften charakterisieren:

Zunächst wird jede Unterscheidung von einem psychischen Beobachter getroffen. Dies ist ebenso einfach wie offensichtlich. Das Nervensystem operiert mit elektrochemischen Aktivitätszuständen und nicht mit Symbolen, Sinn und Bedeutungen. Und es ist in diesem Zusammenhang recht interessant zu bemerken, dass die Unterscheidung zwischen Innenwelt und Außenwelt der Psyche eben eine Unterscheidung und eine Vorstellung der Psyche ist. Es ist eine Unterscheidung des Beobachters ersten Grades, die der Beobachter zweiten Grades später sprachlich kennzeichnet – nämlich durch die Differenzierung von Außen und

Innen. Es ist aber eine Unterscheidung, die ohne psychischen Beobachter im eigentlichen Sinne des Wortes undenkbar wäre.

Die tatsächliche psychisch interne Unterscheidung zwischen Innen und Außen ist übrigens, wie die Entwicklungspsychologie gezeigt hat, ein ganz bedeutender Entwicklungsschritt in der Entwicklung der Menschheit als Ganzes sowie eines jeden Menschen im frühen Kindesalter. Denn nur durch diese Unterscheidung bemächtigt sich das Kleinkind, über die frühen narzisstischen Entwicklungsstufen hinauszukommen, die bis dahin seine Welt definierten und die sich eben dadurch auszeichnen, dass da beispielsweise keine Trennung von dem Lauf der Sonne und demSelsbterleben des Kindes vorliegt („Die Sonne folgt mir"). Insofern lässt sich folgern, dass der Beobachter ersten Grades mit dem Auftauchen der egozentrischen Entwicklungsstufen auftrat, also ganz allgemein formuliert mit dem Auftauchen des Bewusstseins selbst.

Doch die Vorstellung dieses Zusammenhangs, die Vorstellung über die Unterscheidung zwischen Innen und Außen und die klare Identifizierung als psychische Unterscheidung kommt erst viel später in der Entwicklung, genauer gesagt mit dem Beobachter dritten Grades. Erst dieser kann beobachten, welche gesamtpsychische Bedeutung die Unterscheidung zwischen Innen und Außen hat. Wie gesagt, all dies hat nichts mit dem realen Außen zu tun, sondern nur damit, wie Psyche dieses Außen für sich navigiert.

Was im Kontext des Beobachters ersten Grades jedoch in Bezug auf die Unterscheidung zwischen Innen und Außen geschieht, ist, dass er die Einheit dessen, was er wahrnimmt, in eine weitere Einheit, die sich von einem distinkten Hintergrund abhebt, unterscheidet. Sind für den egozentrischen Geist noch Gefühle, Stimmungen und physikalische Ereignisse Teil derselben Wirklichkeit, kann er nun das psychisch Interne vor dem Hintergrund des physikalisch Äußeren oder das physikalisch Äußere vor dem Hintergrund des psychisch Internen beobachten. Das führt uns direkt zur zweiten Eigenschaft des Beobachters ersten Grades:

Jede Unterscheidung, die der Beobachter ersten Grades fällt, wirkt selegierend für den weiteren Verlauf des Unterscheidens. Haben wir also einmal die Unterscheidung von Innen und Außen gefällt, dann wirkt diese Unterscheidung als Ausgangspunkt weiterer Unterscheidungen. Man kann nun, mit anderen Worten, das Innere wie das

Äußere separat untersuchen, indem neue Unterscheidungen getroffen werden. Wie wir schon gesehen haben, ist genau dies die Eigenschaft, die wir Psyche zugerechnet hatten, nämlich das alles Prozessieren von Differenzen nur sinnhaft vonstatten gehen kann. Das heißt, dass jede weitere Unterscheidung, die getroffen wird, unsere psychische Wirklichkeit erweitert.

Beobachten zweiten Grades

Das Beobachten zweiten Grades ist schlicht die Fähigkeit des Unterscheidens von Symbolen. Daher sind die Operationen des Beobachters zweiten Grades *egoisch*. Das Beobachten zweiten Grades ist eine evolutionäre Errungenschaft, die die Tiere nicht mehr mit uns teilen. Dieser Beobachter konstituiert sich an – und ermöglicht – Kommunikation. Kommunikation heißt immer: Meinen, Mitteilen und Verstehen.[10] Der Beobachter zweiten Grades verfügt über die Fähigkeit, die Beobachtungen des Beobachters ersten Grades zu *bezeichnen und bewegt sich in einem semantischen/syntaktischen Feld*. Pierre Bourdieu nannte diesen Bereich auch das *soziale Feld*. Mit diesem Beobachter werden Sprache, Symbole und Logik geboren und ebenfalls das *rationale* Denken. Mit dem Beobachter zweiten Grades entsteht über Sprache und über die sozial konditionierte Beschreibung von Bewusstseinsinhalten Kultur.

Der Beobachter zweiten Grades entsteht in Bezug auf die morphogenetische und phylogenetische Entwicklung des Menschen mit dem ersten Auftauchen der ethnozentrischen Entwicklungsstufen des Bewusstseins und dem Beginn der Notwendigkeit der differenzierten sozialen Absprachen und sozialen Orientierung des Menschen, die allein durch den Austausch von Geräuschen nicht mehr zu bewerkstelligen sind. Und doch, auch heute noch heulen, knurren, maulen, schnurren, gurgeln und grummeln wir Menschen und nutzen im Allgemeinen Geräusche unterschiedlichster Art, um durch die Variation dieser Geräusche Veränderungen und Mitteilungen im semantischen ‚Feld' zu erzeugen und sozial anzuzeigen. Das ist jedoch ein semantisches Feld, welches wir über die Psyche navigieren und erzeugen. Die reinen Schallwellen bergen keine Information. Dabei bemerken wir nur noch relativ

10. Über die menschliche Kommunikation ist in großem Umfang geschrieben worden. Vgl. beispielsweise Watzlawick/Jackson, *Menschliche Kommunikation*, Huber, 2007.

selten, dass wir eigentlich nur seltsame Geräusche erzeugen, weil wir unsere Aufmerksamkeit hauptsächlich auf das semantische Feld richten, das wir mittels dieser Geräusche kodiert mitteilen können. Die Bedeutung wird dabei nicht durch die Geräusche erzeugt. Wir Menschen verfügen über ein sozial tradiertes und psychisch geformtes Metamodell, wie diese Geräusche z.B. in Symbole (Sprache) übersetzt und darüber hinaus Bedeutungen kondensiert werden. Diese psychische Leistung der symbolischen Kodierung ist eine Funktion des Beobachters zweiten Grades.

Ein semantisches Feld, Sprache und der Beobachter zweiten Grades entstehen genau dann, wenn die soziale Komplexität so hoch wird, dass zum Zwecke der gegenseitigen sozialen Orientierung weitere Geräusche differenziert werden müssen. Das heißt, wenn einfache Laute nicht mehr nur dazu dienen, Handlungen in der Welt zu orientieren (wie etwa bei der Jagd im Rudel), sondern dazu genutzt werden müssen, um soziale Orientierungen, Handlungen und Arten des Erlebens selbst zu kennzeichnen, entsteht ein Metabereich von Unterscheidungen, also ein Emergenzsprung, der das Auftauchen von Sprache und des Beobachters zweiten Grades kennzeichnet.

Beobachten dritten Grades

Beobachten dritten Grades ist schlicht das Unterscheiden und Bezeichnen der Operationen der Beobachter ersten und zweiten Grades, sowie das Beobachten der Beziehung und gesamtpsychischen Funktion der Beobachter untereinander. Die Operationen des Beobachters dritten Grades sind postkonventionell, vor allem deshalb, weil das Denken und Erkennen nicht mehr sequenziell, sondern vernetzt, synergetisch oder, wie Wilber es nennt, nach den Prinzipien der *Schau-Logik* geschieht. Nach Susanne Cook-Greuter ist eine besondere Eigenschaft dieser Entwicklungsstufe das ‚Konstruktions-Bewusstsein' bzw. die achte postkonventionelle Entwicklungsstufe des Ichs. Es ist genau dieses Konstruktions-Bewusstsein, das den Beobachter dritten Grades auszeichnet. Wie sie schreibt:

> Auf der konstrukt-bewussten Ebene der post-konventionellen Stufe fangen Menschen an zu erkennen, dass alle Begriffe von ihnen geschaffene Konstrukte sind, einschließlich der abstrakten Konstrukte wie das Ich, dreidimensionaler Raum und Zeit.

> Alle basieren auf Schichten über Schichten von symbolischen Abstraktionen. Sogar ein Alltagskonzept wie „ein Stuhl" ist eine enorme Vereinfachung. Nicht zwei menschliche Gedankenbilder eines Stuhls gleichen sich und keine zwei Stühle auf der Welt sind identisch. Dennoch benutzen wir alle den Begriff „Stuhl" und es funktioniert gut für die meisten Zwecke der Kommunikation. Kenntnis zu haben von den Fallgruben der Sprachgewohnheit sowie über ihren enormen Beitrag an die Menschheit, ist ein einzigartiges Unterscheidungsmerkmal der obersten Stufen der Selbst-Entwicklung. Auf der vorhergehenden Systemtheorie-Stufe wurde der konventionelle Glaube an eine permanente Objektwelt zerlegt, indem Interpretation und Kontextabhängigkeit als entscheidend für alle Bemühungen um Wissen angesehen wurden. Auf dieser neuen Ebene der Differenzierung wird Realität nun verstanden als das undifferenzierte phänomenologische Kontinuum oder Chaos, der kreative Grund, „das All", oder welche anderen Begriffe Menschen erschaffen haben, um ihr Bewusstsein von einer darunter liegenden Einheit auszudrücken.
>
> […]
>
> Ab dem Zeitpunkt, wo Menschen den Filter der symbolischen Konstruktion und der Abbildung der Realität erkennen, kann sich ihre Neigung gegenüber Sprachgewohnheiten grundlegend ändern. Im Allgemeinen versuchen Synergisten sich über die durch Wörter erzeugten Pseudorealitäten bewusst zu bleiben. Sie sehen die Verfolgung einer objektiven Selbstidentifikation und rationaler, objektiver Erklärungen des Universums als nutzloses Ergebnis unseres Bedürfnisses an, das was im Fließen und immateriell ist, als dauerhaft und real bzw. materiell zu machen.[11]

Der Beobachter dritten Grades ist eine relativ junge evolutionäre Errungenschaft und wird, ganz allgemein, über Kommunikation und damit den Beobachter zweiten Grades erzeugt. Mit Alvin Toffler könnte man sagen: Der Beobachter dritten Grades emergiert mit der *third wave*, womit er eine Art soziokulturelle *Welle der Bewusstwerdung* kennzeichnet. Diese Welle der Bewusstwerdung bringt das Wissen mit sich,

---

11. Cook-Greuter, Susanne, *Selbst-Entwicklung: 9 Stufen zunehmenden Erfassens*; S. 32, 2008

dass das Bewusstsein Entwicklungsstufen unterworfen ist und sich periodisch weiterentwickelt und sich erweitert. Der Beobachter dritten Grades emergiert mit dem Auftauchen post-egoischen Bewusstseins, wenn also ein Bewusstsein entsteht, das Indifferenz über spezifische ethnozentrische Regeln und Rollen erzeugen kann, ohne sie zu leugnen. Diese Indifferenz gegenüber psychisch internen Konstruktionen (und damit Bindungen) ist das Hauptcharakteristikum des Beobachters dritten Grades.

Der Beobachter dritten Grades basiert in diesem Sinne auf der sich steigernden Bewusstheit darüber, dass a) Psyche ihre Wirklichkeiten durch Beobachtung, Selektion und Sinn selbst erzeugt und b) dass alles Beobachten im Dienste der psychischen Evolution steht. Der Beobachter dritten Grades ist damit vollkommen selbstreferentiell insofern, als dass er sein eigenes Emergieren aus den Operationen und der Ausdifferenzierung der ersten beiden Beobachter beobachten kann.

Der Beobachter dritten Grades nimmt aktiv an der Navigation der Autopoiese der Psyche teil. Genauer: Der Beobachter dritten Grades navigiert die Autopoiese der Psyche. Er operiert in Form von Selbstanpassung und ermöglicht die selbstreferentielle Steuerung der Autopoiese der Psyche, und zwar via Sinn. Dieser Beobachter ist sich immer bewusst, dass er nur mit seinen eigenen psychischen Elementen (Gedanken und Vorstellungen) operiert und auch nur über diese kommunizieren kann, selbst wenn es sich dabei um seine Vorstellungen davon handelt, was sich jemand anderes vorstellt. Die Operationen des Beobachters dritten Grades basieren auf der Erkenntnis, dass er den Bereich und das Feld seiner eigenen Kognition nicht verlassen kann.

Ein Beobachter dritten Grades nutzt die Kommunikation mit anderen – und navigiert damit den psychischen Beobachter zweiten Grades – um seine eigenen psychischen Wirklichkeiten zu gestalten. Während der Beobachter zweiten Grades an die sozialen Konventionen seiner Kultur gebunden ist, liegt die Leistung des Beobachters dritten Grades darin, die Kontingenz solcher Konventionen zu erkennen und infolgedessen sozial solche Konventionen zu navigieren, die im Einklang mit der Evolution von ihm und allen anderen stehen.

Ein ganz einfaches Beispiel für die Leistung des Beobachters dritten Grades liegt in seiner *Autonomie*. Er verfügt über die Kapazität, auch in sozialen Konfliktsituationen, seine eigenen Vorstellungen, Emotionen und Gefühle navigieren zu können, und zwar in Abhängigkeit von seiner Moral – die auf dem Gedanken der Evolution des Bewusstseins basiert. Ein weiteres Beispiel ist seine *Autarkie*: Er kann jederzeit neue Verhaltensweisen und Verhaltensregeln generieren, und zwar aufgrund interner und nicht externer (Entwicklungs-) Erfordernisse. Ein drittes Beispiel ist seine *Indifferenz*: Er kann Dinge tun, ohne sich intern an genau diese Dinge zu binden. Er ist der Zeuge, der spirituelles Wachstum im Alltag überhaupt erst ermöglicht.

Beobachtung und Wille

Nun ist diese Bewusstheit über die eigene psychische Autopoiese – das heißt, die Bewusstheit darüber, dass und wie Psyche sich selbst und ihre Wirklichkeit erzeugt – nur die erste post-egoische Stufe einer Reihe von weiteren Entwicklungen, die durch den Beobachter dritten Grades möglich wird. Auf die Bewusstwerdung über die eigene Autopoiese folgt die Umsetzung dieser Erkenntnis ins Handeln und die Fähigkeit, diese Autopoiese zielorientiert zu steuern. Genau diese Fähigkeit zur Navigation der Autopoiese zum Zwecke der weiteren Evolution wollen wir hier mit ‚Willen' bezeichnen. Wille wird hier also primär als die Fähigkeit einer bestimmten psychischen, post-konventionell genannten Entwicklungsstufe verstanden, die sich darin äußert, die eigene Autopoiese und Evolution selbst und zielgerichtet zu steuern.

Solange wir Wille als Konstrukt eines Beobachters zweiten Grades beobachten, müssen wir Wille auch im Kontext sozialer Konditionierungen betrachten. Dann ist das, was für den Willen möglich ist, das, was sozial – und ausschließlich sozial – konditioniert und als erstrebenswert erachtet wird. Wille wird dann als sozialer Wettkampf und Wettbewerb, als die Durchsetzung sozialer Konventionen, manchmal als Sozialdarwinismus, soziale Härte und – wir haben es schon erwähnt – als zielorientiertes Handeln in einer externen Welt verstanden, dessen Beobachtbarkeit unabhängig von psychischen Kognitionsprozessen verstanden wird. Durch diese soziale Konditionierung läuft Wille stets auf eine Form des Wettkampfes/Wettbewerbs hinaus, sei es sportlicher, wirtschaftlicher, politischer (etc.) Art. Kodiert wird dieser Wettkampf/Wettbewerb durch die Differenz Gewinner/Verlierer, und es ist dieses dem zugrundeliegende ‚Entweder-oder'-Denken, wie es der Soziologe Ulrich Beck in dem Buch *Entgrenzung und Entscheidung* formulierte, das mehr als alles andere die Moderne (und damit die auch gegenwärtig noch vorhandene Entwicklungsstufe des *modernistischen Bewusstseins*) charakterisiert.

Modellieren wir Wille indes als eine evolutionäre Errungenschaft, die sich durch die Steuerung der eigenen psychischen Autopoiese kennzeichnet und die sich durch das Emergieren des Beobachters dritten Grades ergibt, so wird Wille zu einem Werkzeug, anhand dessen wir die eigene Evolution selbst steuern und die eigenen Wirklichkeiten selbst erzeugen können. Wille wird zu einer Methode, höhere Bewusstseinsstufen zu erlangen.

Die Autopoiese der Psyche

Was bedeutet dieses Modell über die Funktion und das Wesen der drei psychischen Beobachter für die Autopoiese der Psyche? Zunächst muss festgehalten werden, dass für den Beobachter ersten Grades ‚die Psyche' nicht in selbstreflexiver Hinsicht als Einheit existiert. Für ihn existieren nur psychische Zustände: Aktuale Stimmungen, Launen, Gefühle, Emotionen, Gedanken oder Vorstellungen. Doch ohne die sprachliche Tradierung oder Kodierung dieser Zustände als Einheit – als ‚Psyche' – kann er die Einheit dieser Zustände nicht beobachten. Was er beobachten kann, sind psychische Zustände. Erst wenn das Individuum aussprechen kann, dass es eine Psyche hat, lässt sich schlussfolgern, dass dieses Individuum psychisch intern seine psychischen Zustände zu einer Einheit zusammenfassen kann. Das heißt auch immer: Das Individuum hat sich ein irgendwie geartetes Modell von seiner Psyche gemacht. Dies kann aber erst ein psychischer Beobachter zweiten Grades tun.

Das heißt, dass für den Beobachter zweiten Grades die Psyche (als sprachliches Konstrukt oder psychisch internes Modell) als Einheit seiner psychischen Zustände existiert und damit als Menge von Beschreibungen. Als Menge von Beschreibungen wird Psyche hier zur – auch sozialen – Realität. Diese Realität kann sich ändern, und zwar genau dann, wenn andere Modelle zur Beschreibung dieser psychischen Zustände sozial tradiert werden. Doch erst ein Beobachter dritten Grades kann die Kontingenz dieser unterschiedlichen Beschreibungen in ein integrales Modell wie beispielsweise das der *integrale Psychologie* zusammenfügen.

Für den Beobachter dritten Grades ist Psyche ein Konstrukt, das (und dessen Form) er zielorientiert durch Beschreibungen verändern kann. Wie ich in dem Buch *Die Evolution der Psyche* gezeigt habe, kann nur der Beobachter dritten Grades die Autopoiese der Psyche, d.h. ihre inhärente Selbstorganisation, ihre Prozesse und Autonomie in einer Gesamtheit beobachten – und damit erzeugen! Der Beobachter dritten Grades erkennt und nutzt die Funktionen und Leistungen der Beobachter ersten und zweiten Grades. Er erkennt, dass jeder Beobachter psychische Wirklichkeiten konstruiert. Und wie ich im oben genannten Buch gezeigt habe, werden die ‚Beobachter' nicht nur als die Operatoren der Autopoiese der Psyche verstanden. Durch diese operative Konstruktion wird – über die Relationierung der drei Beobachter und ihre psychischen Leistungen und Funktionen – die Autopoiese der Psyche selbst erzeugt. Gerade dieses Element der *Selbstreferentialität* wie auch ihre bewusste Anwendung ist Kennzeichen eines Beobachters dritten Grades.

Mit anderen Worten: Über den Beobachter dritten Grades erzeugt sich die Psyche als autopoietisches System selbst. Bewusstheit über die Autopoiese der Psyche – als kontingentes Konstrukt – heißt dann, Bewusstheit darüber, welche Wirklichkeits-Beobachtungen (d.h. Unterscheidungen der unterschiedlichen Beobachter) in rekursiver Weise zu welchen weiteren Beobachtungen der Wirklichkeit führen. So eine Wirklichkeit konstituiert sich immer an den Elementen von Psyche, nämlich an Gedanken und Vorstellungen.

Natur, Kultur und Selbst

Viele Philosophien und Weisheitstraditionen basieren auf der Erkenntnis der ‚Großen Drei', also der drei Bereiche der Welt, in denen Evolution stattfinden kann. Diese drei Bereiche wurden häufig ‚Natur', ‚Kultur' und ‚Selbst' genannt, oder das ‚Subjektive, Kulturelle und Objektive' (Karl Poppers Drei-Welten-Modell), oder von Platon auch das ‚Wahre, Schöne, Gute'. Diese drei Bereiche sind Gegenstand der Kant'schen Kritik-Trilogie über Wissenschaft, Ästhetik und Moral und finden sich sogar, folgt man Ken Wilber, im Buddhismus als *Buddha, Dharma* und *Sangha*.

Die drei psychischen Beobachter stehen dabei im engen Zusammenhang mit diesen drei Bereichen. Es ist die Psyche, die Teil hat an diesen drei Bereichen, gerade weil sie diese beobachtet. Die drei psychischen

Beobachter sind das psychisch Innere dieser Großen Drei. Nur Psyche kann die Prozesse dieser drei großen Bereiche beschreiben, und diese drei Bereiche werden uns nur durch die Operationen der Psyche zugänglich.

Damit ist nicht gesagt, dass Psyche die Prozesse der drei Bereiche Natur, Selbst und Kultur erzeugt. Was Psyche hingegen tut, ist, Gedanken und Vorstellungen dieser Bereiche zu formen. Psyche kann Natur und soziale Interaktionen (Kultur) beobachten (Beobachter ersten und zweiten Grades), und sie kann die Natur des Selbst und die miteinander verwobenen evolutionären Prozesse von Natur, Kultur und Selbst beobachten (Beobachter dritten Grades).

2. Wirklichkeits-Formung

> *Der Mythos des Gegebenen [...] ist die Überzeugung, dass die Welt so, wie sie in meinem Bewusstsein erscheint, so, wie sie mir gegeben ist, auf grundlegende und begründende Weise real ist, und dass ich daher meine Weltsicht auf dem aufbauen kann, was immer sich in meinem Bewusstsein zeigt. Ich sehe beispielsweise einen Felsen vor mir; ich betrachte ihn als real. Ich erfahre Ärger; ich betrachte diese Erfahrung als real. Doch der springende Punkt dabei ist, dass, was immer sich unserem Bewusstsein zeigt, schon in kulturelle und viele andere Zusammenhänge eingebettet ist, die eine Interpretation und Konstruktion unserer Wahrnehmungen bewirken, bevor diese überhaupt in unser Bewusstsein eintreten. Was wir also als real bezeichnen oder als gegeben annehmen, ist eigentlich konstruiert – es ist Teil einer Weltsicht. [Ken Wilber,* aus einem Dialog mit Andrew Cohen in dem Magazin WIE?, Ausgabe 21., 2007*]*

Als psychische Beobachter erzeugen wir unsere psychischen Wirklichkeiten. Diese Wirklichkeiten sind nicht die Welt. Es ist die Welt, wie sie sich uns psychisch darstellt, ohne dass wir eine Möglichkeit hätten, eine hundertprozentige Übereinstimmung zwischen einer ontologischen Welt und unserer Vorstellung der Welt festzustellen.

Ein Konstruktivismus der Psyche

Die Psyche ist ein autopoietisches System, das sich dadurch auszeichnet, selbstreferentiell die Regeln und Inhalte seines eigenen Prozessierens festzulegen und zu erzeugen. Mit anderen Worten: Das, was ein psychischer Beobachter wahrnimmt, basiert auf seinen eigenen Entscheidungen und Unterscheidungen. Dies sagt nichts über den Status einer externen Welt an sich aus und hat auch nichts mit dem Solipsismus gemein, der eine externe Welt leugnet. Ein auf die Psyche angewandter Konstruktivismus verweigert sich hingegen einer endgültigen Aussage in Bezug auf diese externe Umwelt oder wirkliche Wirklichkeit, schlicht und einfach deshalb, weil der psychische Beobachter an den Bereich seiner eigenen Kognitionen gekoppelt ist und seine eigene Sphäre nicht verlassen kann, um etwas außerhalb der Psyche zu beobachten.

Worüber wir hingegen Aussagen machen können, sind Wahrscheinlichkeiten. Ich möchte dies mit einem Beispiel verdeutlichen:

Wir hatten bereits erwähnt, dass die Moderne auf der Differenz des ,Entweder-oder' basiert. Unsere Philosophie, die in der Moderne zur neuen Blüte kam, basiert dabei auch seit etwa 2000 Jahren auf dem aristotelischen Dogma des ,Entweder-oder', wie etwa Descartes' Leib-Seele-Dualismus. Mit dem aristotelischen Dualismus kann man nun argumentieren, dass es entweder eine wirkliche Wirklichkeit gibt oder eben nicht … und dass es entweder eine Psyche gibt oder eben nicht. Der Solipsismus leugnet die wirkliche Wirklichkeit, der Behaviorismus die Faktizität des Geistes und der Psyche. Tatsächlich gibt es jedoch zwischen diesen beiden Extremen Hunderte von philosophischen Spielarten, die diese Frage auf die eine oder andere Weise zu erklären versuchen.

Um die Unschärfen menschlichen Wissens abzufangen, wurde jedoch mit der mehrwertigen Logik von John von Neumann und der Fuzzy-Logik, die in den 60er Jahren des letzten Jahrhunderts von L.A. Zadeh erfunden wurde, ein Denkansatz entwickelt, der zu diesem ausschließlichen, aristotelischen ,Entweder-oder' einen dritten oder (in der Fuzzy-Logik: einen x-ten) Wert mit hinzunahm, gewissermaßen ein ,Vielleicht', oder ein ,Sowohl-als-auch'. Dieses ,Vielleicht' verfügt damit über unterschiedliche Wertungen und Wahrscheinlichkeiten. Wenn wir eine solche Logik – dieses von dem ,Entweder-oder' befreiten Denken – auf einen psychischen Konstruktivismus und auf die Art und Weise, wie wir Wissen erzeugen, anwenden, heißt das, dass ein solches Denkmodell nicht nur aussagt, dass ,vielleicht' eine externe Welt besteht. Wir können sogar die ungefähre Wahrscheinlichkeit festsetzen, wie hoch diese in unterschiedlichen Situationen ,ist'.

Beispielsweise ist für mich eine externe Welt wahrscheinlicher, wenn ich in einen Laden gehe und erwarte, Milch vorzufinden, oder wenn ich über die Straße gehe und sich mir ein Bus nähert. Derartige Situationen erhöhen für mich die Wahrscheinlichkeit einer externen Welt. Wenn ich hingegen meditiere oder im Schlaf träume, wird die Wahrscheinlichkeit einer externen Welt geringer. Sie wird unwahrscheinlicher. Genau genommen ist für mich die externe Welt im Traum vollkommen unwahrscheinlich, denn ein Teil von mir weiß, dass ich mich innerhalb meiner kognitiven Traumsphäre befinde, bei der es kein ,Außerhalb' gibt. Ich denke niemals über einen Wachzustand nach, wenn ich träume. Selbst wenn ich lerne, im Traum bewusst zu werden, zu navigieren oder *luzid* zu träumen, erhöht diese Bewusstheit nicht die Wahrscheinlichkeit einer äußeren Umwelt. In dem Moment des bewussten Träumens ‚gibt' es für mich keine ontologische, wirkliche Wirklichkeit[12]. Genau umgekehrt zu Schrödingers berühmtem Gedankenexperiment ‚befindet' sich die Welt in jedem Fall in einer dunklen Box, jenem letztendlich unbestimmten Ort, der eigentlich für die Katze reserviert war.

Psychische Wirklichkeiten

Wenn wir die ‚Welt' z.B. durch die Physik zu beschreiben versuchen, ist und bleibt sie uns lediglich in Form einer psychischer Wirklichkeit zugänglich, deren Strukturkopplung mit dem Nervensystem sicherstellt, dass wir uns passend verhalten können. Beobachtungen und Beschreibungen von der Welt verändern sich paradigmatisch. Selbst die Theorien der Physik – als eine Menge von Beschreibungen – sind eine Wirklichkeit, die sich mit der Zeit ändert. Alte Theorien und Modelle werden aufgrund von neuen Daten verworfen und bieten die Möglichkeit, neue Modelle zu erstellen. Beschreibungen und Modelle sind immer, wie wir gesehen haben, die Domäne der Operationen des Beobachters zweiten Grades.

Sobald ich den Terminus ‚Wirklichkeit' gebrauche, zeige ich auf ein psychisches Konstrukt, das durch die Operationen der drei psychischen Beobachter erzeugt wird. Dabei rechne ich die Fähigkeit, die eigenen Konstruktionsleistungen ‚bewusst' zu beobachten und zu manipulieren, dem Beobachter dritten Grades zu, der durch seine Operationen einen vollkommen neuen Wirklichkeitsbereich für die Psyche erschließt. Insofern lassen sich entsprechend dieser drei Beobachter drei psychische Wirklichkeiten unterscheiden und klassifizieren, wobei ich diese Wirklichkeiten in zwei weitere Klassen unterscheide, nämlich in lokal/temporale Wirklichkeiten oder auch 1. Wirklichkeit sowie die nontemporalen/nonlokalen Wirklichkeiten oder die 2. Wirklichkeit.

---

12. Es ist übrigens gerade diese Faktizität des Träumens, bei der es keine Schnittstelle zwischen psychischer Beobachtung und sinnlicher Wahrnehmung gibt, die die Menschen von jeher dazu angeregt hat, nicht nur über die Differenz von Körper und Geist zu reflektieren, sondern, wie der Hirnforscher Gerhard Roth bemerkt, diese Differenz überhaupt ins Lebens zu rufen!

Die 1. Wirklichkeit umfasst eine Klasse von Wirklichkeitsebenen, an die wir seit unserer Kindheit gewöhnt sind und die wir, geprägt durch ein materialistisches Weltbild, als das einzig Wirkliche ansehen und ontologisiert haben. Diese psychischen Wirklichkeiten nenne ich ‚lokal-temporal', denn sie beziehen sich auf die klar verortbare Domäne des Universums, der Erde, des Nervensystems usw., also der manifesten Phänomene.

Es gibt dennoch eine andere Klasse von Wirklichkeiten, die ‚nonlokal/nontemporal' genannt werden können. Diese nonlokale/nontemporale 2. Wirklichkeit steht, wie wir sehen werden, mit den entsprechenden lokalen Wirklichkeiten in einer Wechselbeziehung, doch wir schenken ihnen weniger Aufmerksamkeit, obwohl wir tagtäglich (oder sollte ich sagen: nachtnächtlich?) mit ihnen zu tun haben. Gemeint sind hier zum Beispiel Träume. Was die Wechselbeziehung angeht, wird wohl niemand die wie auch immer geartete Beziehung zwischen Traum- und Wachzustand bestreiten. Allerdings sind Träume nicht die einzigen Fälle, in denen wir in der Domäne der Nonlokalität operieren. Es lassen sich ebenso wie bei der 1. Wirklichkeit unterschiedliche nonlokale Wirklichkeitsebenen skizzieren.

Doch anstatt uns jetzt im Detail mit den Eigenschaften und Anwendungsfällen der nonlokalen Wirklichkeiten zu beschäftigen – wir werden im 4. Teil dieses Buches auf diese Domäne zurückkommen –, werden wir uns die Ebenen der psychischen Wirklichkeit zunächst einmal im Allgemeinen ansehen.

Informations-Räume

Wir erinnern uns: Der Beobachter ersten Grades trifft Unterscheidungen, jedoch ohne sie zu bezeichnen. Durch diese Unterscheidung erzeugt er eine von einem Hintergrund sich abhebende Einheit. Im Falle der psychischen Innenwelt ist die (psychische) Außenwelt der Hintergrund. Fokussiert man jedoch die Außenwelt, wird die Innenwelt zum Hintergrund. Informations-Räume sind das Konstrukt des Beobachters erster Ordnung. Seine Operationen erzeugen die beobachtbaren Formen. Der Psychologe Jean Piaget hat in seinen Forschungen zeigen können, wie der Mensch als Kleinkind lernt, sich diese Wirklichkeit Stück für Stück zusammenzubauen – oder, um es in unserem Sinne zu formulieren – als Beobachter ersten Grades zu operieren.

Im Falle der 1. Wirklichkeit ist ein Informations-Raum die Einheit all dessen, was das Individuum gegenwärtig in der jeweiligen Wirklichkeit beobachtet, ohne es jedoch zu bezeichnen. Es ist das materiell-energetische oder weltlich-körperliche ‚Hier und Jetzt'. Man kann nur in der Gegenwart leben, und diese Gegenwart stellt sich auf eine besondere und sich niemals wiederholende Art und Weise dar. Jede Gegenwart und jeder Informations-Raum konstituiert sich durch das Beobachten unterschiedlicher Elemente als Einheit. Jeder Informations-Raum, der beobachtet und erzeugt wird, limitiert (und ermöglicht gleichermaßen) das Potential neuer Information.

Realität

Realität – als Konstrukt des Beobachters zweiten Grades – ist die psychische, symbolhafte Modellierung bestimmter Informations-Räume als Einheit. Der Beobachter zweiten Grades kann die Operationen des Beobachters ersten Grades kommentieren und/oder unabhängig von den Operationen ersten Grades in einem Bedeutungsfeld agieren, das keinen Bezug zu den Operationen des Beobachters ersten Grades hat. Die Wirklichkeit, die der Beobachter zweiten Grades formt, ist notwendigerweise sozial, ob man nun tatsächlich kommuniziert oder einen inneren Dialog (in Form von Gedanken) führt. Realitäten sind also zusammenhängende Beschreibungsfelder oder symbolische Sinn- und Bedeutungszusammenhänge. Ich möchte dies mit ein paar Beispielen verdeutlichen:

Ein einfaches Beispiel für eine Realität ist unser römisch-christlicher, gregorianischer Kalender. Wir richten unseren Alltag nach ‚Tagen' ein, nach ‚Wochen', ‚Monaten' und ‚Jahren'. Dieser Kalender orientiert sich am angeblichen Geburtsjahr eines Halbgottes. Mit anderen Worten: Unsere Zeitrechnung beginnt bei der Geburt Jesu Christi. Nun verfügen andere Kulturen über andere Kalender und diese Kalender sind nicht wahrer oder falscher als der unsere. Sie sind nur anders. Ein Kalender ist insofern nichts anderes als ein sprachlicher Konsens über eine sinnhafte Ordnung, die über ein komplexes Ereignis- und Naturgeschehen der Welt gelegt wird, um unsere Beobachtungen zu strukturieren und zu vereinfachen. Dennoch ist der ‚Kalender' nur eine Realität, ein rein sprachliches Konstrukt.

Ein weiteres Beispiel finden wir in unserer täglichen Arbeit. Die tägliche Arbeit kann als eine Realität beschrieben werden, die viele Informationsräume zusammenfasst und organisiert. Man kann unter der Zeichenfolge ‚A-R-B-E-I-T' nicht nur bestimmte Handlungen in bestimmten Informationsräumen zusammenfassen, sondern bei Bedarf auch bestimmte kognitive Fähigkeiten (z.B. ‚Wissen'), bestimmte praktische Fähigkeiten, bestimmte Methoden, persönliche wie professionelle Ziele, Wünsche, Regeln sozialer Interaktion, aber auch bestimmte Ansichten, Meinungen und sogar Glaubenssätze. In jedem Fall aber ist die sprachliche Beschreibung unserer individuellen ‚Arbeit' weder die Arbeit selbst, noch deckt sie sich mit der Arbeitsrealität unseres Nachbarn.

Andere Beispiele für Realitäten in der 1. Wirklichkeit: Wissenschaft und wissenschaftliche Modelle und Theorien, die Mechanismen der Wirtschaft, die Kennzeichen von Religion und Religiosität, unsere Vorstellungen über Kultur und kulturelles Handeln, die Elemente, Eigenschaften und Funktion der Politik, von Moral, Literatur und Philosophie, unsere Vorstellungen davon, wie die Araber und Amerikaner ‚sind', wie unsere Freunde und Verwandten ‚sind', was mit der Zeichenfolge $E=mc^2$ gemeint ‚ist', wie wir unseren Alltag organisieren, welche Sprache wir sprechen usw. usf.

Unser Weltverständnis basiert auf solch unterschiedlichen Realitäten, ebenso wie unsere gesamte menschliche Interaktion. Selbst Informations-Räume, bei denen Menschen nonverbal miteinander interagieren, werden sprachlich organisiert, z.B. als ‚Sexualität', die nach bestimmten Regeln und Praktiken vollzogen wird und werden soll. Realitäten haben den einfachen Nutzen, dass man durch sprachliche Beschreibung und damit Tradierung von Bedeutung Informations-Räume und damit Handlungen organisieren kann. ‚Kultur' kann man dann als die Menge aller formbaren und zusammengehörenden Realitäten begreifen. Kultur – als Wort, als Begriff – ist immer das, was wir als psychische Beobachter daraus machen.

Inkarnationen

Als Domäne des Beobachters dritten Grades ist eine Inkarnation die Gesamtheit aller psychischen Wirklichkeiten. Eine Gesamtheit oder Einheit, die in ihrer unbewussten Form meist ein ganzes Leben lang wirkt und festlegt, welche Realitäten und Informationsräume wir letztendlich erzeugen. Inkarnationen entsprechen im Allgemeinen dem, was der Psychologe Eric Berne ‚Lebensskript' und Mihály Czikzentmihalyi ‚Lebensthema' nennen, also jene durch Prägungen und Konditionierungen erworbenen präformativen Muster (oder psychologischen Automatismen), mittels der wir unser Leben organisieren und strukturieren. Berne hierzu:

> Jeder Mensch besitzt einen vorbewussten Lebensplan (auch Skript genannt), mit dem er längere Zeitperioden – Monate, Jahre, aber auch ein ganzes Leben – strukturiert und sie mit rituellen Tätigkeiten, mit Zeitvertreiben aller Art und mit Spielen ausfüllt, die nicht nur eine Förderung seines Skripts bedeuten, sondern ihm gleichzeitig auch eine unmittelbare Befriedigung gewähren.[13]
>
> [...]
>
> Jeder von uns trifft bereits in seiner frühen Kindheit eine Entscheidung darüber, wie er leben und sterben wird, und diesen Lebensplan, den er überall, wo er auch hinkommt, mit sich herumträgt, bezeichnet man als *Skript*. Sein Alltagsverhalten mag von der Vernunft her bestimmt sein, aber seine wichtigsten Entscheidungen sind bereits gefallen: Wen er heiraten wird, wie viele Kinder er haben wird, in welcher Art von Bett er sterben wird, und wer in seiner letzten Stunde bei ihm sein wird.[14]

Diese Spielpläne werden in den ersten sechs Lebensmonaten konditioniert und geprägt. Folgt man Berne, wird der Ausspruch ‚Ich will ...', der eigentlich ja kennzeichnen soll, dass es sich um eine freie und möglicherweise wohlüberlegte Entscheidung handelt, fast zu einer Farce, da alle Entscheidungen in dieser Hinsicht vorprogrammiert sind.

Als Begriff stammt ‚Inkarnation' vom lateinischen ‚incarnare' ab, was sich mit ‚zu Fleisch werden' oder ‚im Fleische' übersetzen lässt. Das ‚zu Fleisch werden', der Wandel von GEIST zu Materie zeigt immer auf die Manifestation in die 1. Wirklichkeit der Lokalität/Temporalität. Alles, was zu Fleische wird, alles Manifeste, wird zur Inkarnation. Mit dem

---

13. Berne, Eric, *Was sagen Sie, nachdem Sie ‚Guten Tag' gesagt haben?*, S. 43, Frankfurt a .M., 1983.
14. A.a.O. S. 47.

Begriff der Inkarnation soll also kein mystisches New-Age-Konzept bezeichnet werden, sondern nur unsere uns häufig unbewussten Entscheidungen, die unser Leben zu dem machen, was es ‚ist'. Das heißt, ich wählte den Begriff der Inkarnation, um erstmals anzudeuten, dass man diese das Leben bestimmenden Muster verändern kann, und zwar via Willen. Wie dies im Detail aussehen kann, werden wir im Verlaufe dieses Buches untersuchen.

Inkarnationen sind – wie Informations-Räume und Realitäten – mentale Konstrukte, mentale Einheiten der Summe von Realitäten. Jede Inkarnation definiert bestimmte Lebensziele, bestimmte Lebensperspektiven, bestimmte Selbstbeschreibungen und damit ganz bestimmte, grundlegende Haltungen zum Leben. Sie ermöglicht damit die Kondensation von bestimmten Meinungen, Hoffnungen und Glaubenssätzen. Die wenigsten Menschen sind sich bewusst, dass sie ihre Inkarnationen verändern können und halten ihr Leben lang an der einen Inkarnation fest. Sie hoffen manchmal sogar auf ein weiteres Leben, um eine ‚neue Inkarnation' zu erleben. Aber leider – oder glücklicherweise – gibt es nur dieses eine Leben, das wir gestalten können und man kann so viele Inkarnationen auswählen, wie man will. Man kann jene Muster verändern, die dem eigenen Leben seine Form geben. Manchmal, wenn ein sogenannter ‚Schicksalsschlag' geschieht, neigt der Mensch dazu, aus seiner Inkarnation heraus- und in eine andere hineinzuspringen ... aus dem unscheinbaren Mauerblümchen wird ein begehrtes Sexsymbol, aus einem Sportler ein körperliches Wrack, aus dem einfachen Manne ein König oder aus dem reichen Mann ein Sozialhilfeempfänger.

Wille und Wirklichkeit

Wir hatten Wille im letzten Kapitel ganz allgemein als die Fähigkeit der Psyche definiert, die eigene Autopoiese zum Zwecke der weiteren Evolution zu navigieren. Die Autopoiese eines Systems wie der Psyche führt, wie wir sehen werden, immer zur Ausdifferenzierung, das heißt einerseits zur Steigerung der Komplexität und andererseits dazu, diese Komplexität auf einer höheren Systemebene kontrollieren zu können. Wille ist dann nichts anderes als die Navigation der Komplexitätssteigerung und Komplexitätsreduktion.

Diese Navigation ist möglich, weil Wille essentiell nichts anders darstellt als die langfristige Selektion von Ereignissen anhand eines frei gewählten Horizontes. Wille wird via Sinn erzeugt und Sinn ist immer ein Entwurf, der Zukunft, Gegenwart und Vergangenheit miteinander verbindet, mithin also der Horizont, an dem wir unsere Verhaltensweisen ausrichten[15]. Das bedeutet reflexiv betrachtet, dass man nicht (!) die Systemprobleme der Psyche vorhersagen kann, die damit einhergehen, dass Psyche diesen Horizont anstrebt. Andererseits ergeben aber alle Systemprobleme in diesem Kontext Sinn. Die Wirklichkeiten, die wir erfahren, sind damit also das Resultat von Willen.

Mit anderen Worten: Wenn die Welt, wie wir sie beobachten, das Resultat der Operationen einer selbstreferentiell operierenden Psyche ist, d.h. wenn alles, was wir psychisch beobachten können, auf unseren eigenen Unterscheidungen (und auf unseren Entscheidungen) basiert, und wir unsere Differenzierungen via Sinn organisieren, dann bedeutet das, dass die Art und Weise, wie wir Welt (als Wirklichkeit) beobachten, in empfindlicher Weise davon abhängt, welchen Sinn und damit welchen Willen wir verfolgen.

Was wir auch immer via Willen verändern, muss und wird immer Teil der psychischen Wirklichkeit sein. Etwas anderes als unsere psychische Wirklichkeit können wir nicht beobachten/erzeugen. Das bedeutet nicht, dass angewandter Wille keine Konsequenzen für eine extern gedachte Welt mit sich bringt. Doch auch hier gilt: Was auch immer wir von einer externen Welt beobachten, basiert auf den Operationen der Psyche.

Dieser Zusammenhang von Wirklichkeit und Wille führt also zu ganz konkreten moralischen Konsequenzen. Eine ethische und moralische Verantwortlichkeit gegenüber der als Wirklichkeit wahrgenommen Welt heißt dann, auf pragmatische Weise zu fragen, durch welche gedanklichen, sprachlichen und körperlichen Handlungen welche Wirklichkeiten erzeugt werden können.

Über Willen formen wir unsere psychische Wirklichkeit. Wie wir dieses Wissen umsetzen können und lernen können, Wille gezielt einzusetzen, um unsere Wirklichkeiten zu verändern, werden wir im Kapitel 8 dieses ersten Teils sowie ausführlich in Teil 2, 3 und 4 dieses Buches behandeln. Doch um ein klares Verständnis dieser Prozesse zu erlangen,

---

15. Wir werden uns ab Teil 2, Kapitel 3 eingehender mit dem Begriff ‚Sinn' beschäftigen. Vorerst muss eine Definition als ‚Einheit von Aktualisierung und Virtualisierung' genügen.

ist es vorerst notwendig, einen Blick auf unser Selbst zu werfen, jene Entität, die für die Willensformung überhaupt verantwortlich ‚ist'. Denn erst wenn wir die Bedingungen verstehen, unter denen Wille geformt wird, können wir diese Prinzipien anwenden, um Wille einzusetzen.

3. Der Daimon

> *Jedes Leben wird durch sein einzigartiges Bild geformt, ein Bild, das die Essenz dieses Leben ist und es mit einer Bestimmung versorgt. Als eine Kraft des Schicksals wirkt dieses Bild wie ein persönlicher Daimon, eine begleitender Führer, der die eigene Berufung erinnert. […] Der Daimon motiviert. Er beschützt. [James Hillmann,* Charakter und Bestimmung*]*

Bevor wir uns im nächsten Kapitel mit der Frage beschäftigen, in welcher Form die Entwicklung des Willens die Entwicklung des Selbst beeinflusst, möchte ich in diesem Kapitel auf das Agens der Entwicklung selbst eingehen, also das, was uns im poetischen Sinne beflügelt, die Dinge zu tun und zu erreichen, die wir niemals zuvor getan oder erreicht haben. Um dieses Agens zu beleuchten, werden wir einen kleinen Abstecher in die Geschichte machen und schauen, wie andere Philosophen dieses Agens, durch das wir uns selbst übertreffen und damit zu Leistungen fähig sind, die uns selbst überraschen, beschrieben haben.

Wie wir im vorletzten Kapitel umrissen haben, ist die lokal/temporale Domäne des Selbst immer raumzeitlich, fest, statisch, materiell, begrenzt und irdisch. Wir finden sie in unserem Alltag, wenn wir uns mit bestimmten Operationen eindeutig in der Raumzeit verorten: Ich, mein Körper, sitze hier am Freitag, den 13. März 2008, an meinem Computer und schreibe diesen Satz. Die nonlokale Domäne ist hingegen immer raumzeitlich unbestimmt, offen, energetisch, fließend, spirituell und nicht begrenzt. Es ist die Domäne unserer Intuitionen, Träume, Archetypen oder auch der meditativen Zustände des Dhyana oder Samadhi und anderer, eben nicht durch eine bestimmte raumzeitliche Begrenztheit gekennzeichneten Bewusstseinszustände. Bedeutsam ist, dass wir immer Zugang zu diesen beiden Bereichen des Selbst haben. Wir können diese Bereiche nicht ausgrenzen, so wie wir auch Wachsein und Träumen nicht ausgrenzen können.

In Bezug auf ein ‚konstrukt-bewusstes' Modell des Selbst (eines Beobachters dritten Grades) möchte ich nun die Konzeption des *Daimon* einführen, um die Beziehung zwischen der lokalen-temporalen und der nonlokalen-nontemporalen Domäne des Selbst zu konstituieren. Haben wir diese Beziehung zwischen den beiden Domänen des Selbst geklärt, können wir Stufen des Selbst oder der Selbstentwicklung anfügen, die in der Fähigkeit des Individuums bestehen, diese beiden Bereiche des Selbst – und damit den Daimon – in jedem Moment seines Alltags zu harmonisieren und zielbewusst auszurichten. Mit anderen Worten: Wir wollen den Daimon als die Fähigkeit betrachten, Kontakt zum Numinosen oder den transrationalen Bereichen des Selbst herzustellen. Wie wir sehen werden, koinzidiert diese Harmonisierung und Ausrichtung der beiden Domänen nicht nur mit den von der allgemeinen Entwicklungspsychologie formulierten Entwicklungsstufen des Selbst, sondern langfristig und in größerem Umfange auch mit den mystischen oder spirituellen Konzeptionen von ‚Erleuchtung', nondualem Bewusstsein oder jener göttlichen Einheit, die auch *Satori, kosmisches Bewusstsein, Unio Mystica* oder auch *Moksha* genannt wird. Doch beginnen wollen wir zunächst mit einem kurzen historischen Überblick über die Konzeption des Daimons, bevor wir uns um eine integrale Fassung dessen bemühen.

Ethos Anthropo Daimon

Agathos Daimon, auch „der gute Dämon" oder „Genius" genannt, war der griechisch-römische Gott des Schicksals. Er wurde auch als ein freundlicher Schutzgeist von Menschen und ihren Familien betrachtet. Im fünften vorchristlichen Jahrhundert hat Heraklit den Begriff des Daimon verwendet, um die Natur des Menschen zu beschreiben: *Ethos Anthropo Daimon.* Man kann das mit ‚Der Ethos des Menschen ist sein Daimon' oder – da ‚Daimon' gleichermaßen ‚Zuteiler' wie auch ‚Schicksal' bedeutete – ‚Des Menschen Ethik ist sein Schicksal' übersetzen. Wörtlich übersetzt heißt Daimon soviel wie ‚göttliche Kraft', ‚Schicksal', oder auch ‚göttliches Wesen'.

Insofern wurde im alten Griechenland der Daimon als eine Bezeichnung für das Göttliche im Menschen verwendet. Er bezeichnete eine geheimnisvolle Kraft, die dem Menschen sein Schicksal zuteilte. Dieses Schicksal konnte sich positiv auswirken und den Menschen glücklich machen ... oder sich negativ auswirken und ihn (in diesem Fall als Dämon) unglücklich machen. Jeder Mensch aber hatte mit seinem Daimon zu leben, denn diese Bindung zwischen Göttlichem und Menschlichem begann mit der Geburt und endete mit dem Tod. Schon in dieser frühen Version des Daimons zeigt sich die Beziehung zwischen der göttlichen (nonlokalen) Domäne und der irdischen (lokalen) Ebene.

Sokrates verstand den Daimon darüber hinaus als einen zuverlässigen Führer und Lebensweiser: Der Lichtfunke im Seelengrund, ein göttliches Daimonion, das Höhere Selbst, der innere Führer und Helfer, der in jedem Menschen als Gottfunke individuell wirkt und als Gottesstimme im Herzen vernehmbar wird. Jeder Rat, den Sokrates vom inneren Wort geleitet seinen Freunden gab, erwies sich als wahr und Segen bringend, weshalb sie seinen Intuitionen schließlich blindlings zu folgen pflegten. Sie wussten, dass Sokrates diese innere Stimme, die stets von selbst in ihm laut wurde, seit seiner Kindheit vernahm, und dass sie in jedem Falle vor Irrtum warnte und zum Rechten leitete. Und in *Der Staat* schrieb Sokrates' Schüler Platon dann: „Nicht wird ein Daimon euch erlösen, sondern ihr werdet euch einen Daimon wählen [...] den Lebenslauf wählen, mit dem ihr dann notwendig verbunden bleibt. Schuld hat, wer gewählt hat; Gott ist schuldlos."[16] Wir wollen diesen Ausspruch Platons im Hinterkopf behalten.

Doch auch im weiteren Verlauf der Geschichte wird die Konzeption des Daimons häufig verwendet, um einen ganz ähnlichen Zusammenhang zwischen Nonlokalität und Lokalität zu kennzeichnen. Je weiter sich ein Mensch entwickelt, desto stärker steht der Mensch – nach Goethe – unter dem Einfluss des Daimons, des Göttlichen und desto deutlicher wird er vom kosmischen statt vom irdischen Bewusstsein her gelenkt und geleitet. Und in moderneren Fassungen wird der Begriff des Daimons auf ähnliche Weise gebraucht. Für den Psychologen John Grinder ist der Daimon Ausdruck des produktiven Genies des Menschen. Der Daimon schöpft Neues und ist Ausdruck des *Commitment,* also des Engagements und der Hingabe einer Person an eine Sache und zeigt sich dann in mühelosen, konzentrierten und kreativen Handlungen. Grinder erwähnt in seinem ‚*Reigen der Daimonen*' den Fall von Michael Colgrass, der vor einigen Jahren den Pulitzer-Preis für seine Kompositionen gewonnen hat:

> ... er hat einen sehr entwickelten Daimon für Komposition. Michael sagt, wenn er sich entschieden hat, wenn er zu seinem Daimon geworden ist, dann kann er genauso leicht auf dem Times Square komponieren wie in einer Hütte in den Blue Ridge Mountains.[17]

---

16. Platon, *Der Staat*, S. 129, Stuttgart,1973.
17. Grinder, John, *Der Reigen der Daimonen*, S.87, Paderborn, 1995.

Die Konzentration, aber auch die Begeisterung, ja sogar eine Form von Besessenheit auf eine Sache ist dabei ganz wesentliches Charakteristikum des Daimons. Wir werden später auf den Zusammenhang von Konzentration, Wille und Daimon eingehen, können aber jetzt schon hervorheben, dass, je befähigter wir sind, ein *Daimonium* oder das Göttliche in uns zum Vorschein zu bringen, umso klarer und beständiger auch unser Wille und unsere Konzentration sind. Folgt man Grinder, ist dieser Daimon nun nichts, was einem einfach so gegeben ist, aber jeder kann ihn in sich erwecken. Diese Daimone können dann in vielen Dingen ihren Ausdruck finden … im Dressurreiten, im Sport allgemein, in der Arbeit. Wesentlich aber für den Daimon ist, dass er eine schöpferische und schicksalsträchtige Kraft darstellt, durch die man neue Formen ins Leben ruft, ob auf künstlerische, wissenschaftliche oder einfach lebensweltliche Art und Weise. So steht der Daimon hinter jedem Kunstwerk der Literatur, Malerei, Musik, Architektur etc. und auch hinter jeder neuen wissenschaftlichen Errungenschaft und Innovation. Er steht aber auch hinter den lebensweltlichen Errungenschaften, wie ein moralisches Leben zu leben oder seinen Alltag in Wille und Liebe zu verbringen. Es ist dabei wichtig zu erwähnen, dass ein Daimon nicht mit Berühmtheit gleichzusetzen ist. Vielmehr schöpft der Daimon, und genau dieses Schöpfen, das nicht nach Bestätigung des Egos verlangt, erzeugt damit das Schicksal des Menschen.

Altruismus

Wie Grinder hervorhebt – und dies ist von entscheidender Bedeutung – kann sich ein Daimon nicht ohne soziale Feedbackschleifen formen oder ausdrücken. Diese Feedbackschleifen sind ein freier Rapport mit der Umgebung. Es ist gerade der soziale Anspruch, der den Daimon ermöglicht, denn frei von allen egozentrischen Belangen (wie beispielsweise etwas für sein eigenes Selbstbewusstsein bzw. Selbstwertgefühl zu tun) sind die meisten Künste und Arbeiten sozial ausgerichtet und damit für andere. Schreibe ich ein Buch, schreibe ich notwendigerweise für andere, trage ich Post aus, ist diese Post für andere. Und der Daimon kann sich nur entfalten, wenn er, frei von Ego und egoistisch-narzisstischen Bestrebungen, nach Transzendenz strebt und auch für andere handelt. Wie wir im weiteren Verlauf sehen werden – und dies geht konform mit den Erkenntnissen in der Entwicklungspsychologie – heißt

Selbst-Entwicklung immer ein Abnehmen der Egozentrik und immer eine Zunahme der weltzentrischen und damit sozialen Verantwortung.

Der Daimon wird immer über soziale Kommunikation geformt und diese Kommunikation besteht immer in der Ausdifferenzierung der eigenen Ziele, der eigenen Methoden und der sozialen Passung derselben. Der Daimon zeigt sich dann in dem, was mühelos sozial angenommen wird. Das heißt, ein Daimon hat immer eine soziale Funktion, hat immer soziale Relevanz. Und es heißt auch: In sozialer Hinsicht agiert der Daimon auch immer *altruistisch,* immer weltoffen und immer für andere.

Eine integrale Fassung des Daimons

Insgesamt lässt sich also zusammenfassen, dass es sich bei dem Daimon um die Integration und Einheit lokaler und nonlokaler, psychischer und sozialer Aspekte des Selbst handelt, die sich durch folgende Charakteristika darstellen lassen:

- Der Daimon ist der Lebensführer, eine (noch unbestimmte) Kraft, die das eigene Schicksal und das individuelle Leben formt.
- Der Daimon ist eine schöpferische Kraft, durch die Kunstwerke und wissenschaftliche Innovationen geschaffen werden.
- Der Daimon ist Intuition, eine innere Stimme, eine Bestimmung und (nach Platon) das Gewissen.
- Der Daimon strebt nach Transzendenz.
- Der Daimon ist eine Form von Genie.
- Der Daimon drückt sich in Enthusiasmus und Konzentration aus.

Der Daimon kennzeichnet sich immer durch die Intuition, die Kraft und das Genie, sein eigenes Schicksal zu gestalten. Die offensichtlichste Eigenschaft des Daimon liegt damit in seiner großen Handlungskapazität: Je besser ein Mensch seinen Daimon kennt und je bewusster er mit ihm umgeht, desto größer ist seine Kraft und desto stärker formt er seine eigene Zukunft, sein eigenes Schicksal und damit seine eigenen psychischen Wirklichkeiten.

Betrachten wir nun daimonische Verhaltensweisen im Allgemeinen, stellt sich unmittelbar die Frage, wie wir diese charakterisieren können. Und untersucht man diese daimonischen, genialischen Verhaltensweisen, stellt sich schnell heraus, dass sie, unabhängig von sozialem Engagement, psychisch intern immer von einer starken emotionalen, kognitiven und moralischen Bereitschaft begleitet werden, über sich selbst hinauszuwachsen, neue Fähigkeiten zu erlernen, alte Bestmarken zu übertreffen, sich selbst zu transzendieren und somit die Grenzen des Egos zu sprengen. Um diese emotionale Bereitschaft, sich selbst zu übertreffen und zu transzendieren, näher zu beleuchten, wollen wir kurz einen Blick auf die Arbeit des ungarischen Psychologen Mihály Csíkszentmihályi werfen. Er entwickelte nämlich das Modell des *Flow*-Erlebnisses, welches in jeder Hinsicht die Eigenschaft hat, solche daimonischen Verhaltensweisen kennzeichnen zu können.

Csíkszentmihályi beschreibt *Flow* als einen:

> seelischen Zustand in Augenblicken, wenn das Bewusstsein harmonisch geordnet ist und [der Mensch] etwas um der Sache selbst willen tut'.[18]
>
> [...]
>
> *Flow* hilft, das Selbst zu integrieren, weil das Bewusstsein im Zustand höchster Konzentration gewöhnlich gut geordnet ist. Gedanken, Absichten, Gefühle und alle Sinne sind auf das gleiche Ziel gerichtet. Diese Erfahrung heißt Harmonie.[19]
>
> [...]
>
> Immer wenn eine Information das Bewusstsein stört, indem es sein Ziel bedroht, haben wir einen Zustand innerer Unordnung oder psychischer Entropie, eine Desorganisation des Selbst, die seine Wirksamkeit beeinträchtigt.[20]

---

18. Czikzentmihalyi, Mihály, *Flow - Das Geheimnis des Glücks*, S. 20, Stuttgart, 1990.
19. A.a.O., S. 64.
20. A.a.O., S. 58.

Insofern zeichnet sich *Flow* durch Konzentration und Kreativität aus. *Flow* ist eine sogenannte ‚autotelische' Erfahrung, womit Czikzentmihalyi eine:

> sich selbst genügende Aktivität bezeichnet, die man ohne Erwartung künftiger Vorteile ausübt, sondern einfach, weil sie an sich lohnend ist.[21]

Er beschreibt insofern *Flow* als die optimale und zutiefst erfüllende menschliche Erfahrung, vollkommen in einer Tätigkeit aufzugehen. Dabei treten tiefe Glücks- oder sogar Ekstasegefühle auf. *Flow* selbst kann dabei nur aus dem ‚autotelischen Selbst' erwachsen, einer Bezeichnung Csíkszentmihályis für eine bestimmte Betrachtungsweise des Selbst, die unserem Bild vom Daimon sehr nahe kommt:

> Ein ‚autotelisches Selbst' kann potentielle Bedrohungen leicht in positive Herausforderungen verwandeln und daher seine innere Harmonie behalten. Jemand, der sich nie langweilt, selten Angst hat, der an dem, was um ihn herum geschieht, Anteil nimmt und sich vorwiegend in *Flow* befindet, kann als autotelisches Selbst bezeichnet werden. Der Begriff bezeichnet wörtlich ‚ein Selbst, das sich selbst die Ziele setzt', und er spiegelt den Gedanken wider, dass ein solches Individuum relativ wenig Ziele hat, die nicht dem Selbst entstammen. Für die meisten Menschen werden Ziele entweder durch biologische Bedürfnisse oder gesellschaftliche Konventionen geprägt, und daher liegt ihr Ursprung außerhalb des Selbst. Die Hauptziele eines autotelischen Menschen entspringen der Erfahrung, wie sie in seinem Bewusstsein eingeschätzt wird und daher dem eigentlichen Selbst. Das autotelische Selbst verwandelt potentiell entropische Erfahrungen in *Flow*.[22]

Über daimonische Verhaltensweisen wie *Flow* oder Passion oder Enthusiasmus erlangen wir ein Gefühl der Harmonie und Einheit mit dem Kosmos. Wie Csíkszentmihályi diesbezüglich schreibt:

> Dieses Einssein mit der Umwelt ist nicht nur eine wichtige Komponente der erfreulichen Flow-Erfahrung, sondern beschreibt auch einen zentralen Mechanismus.[23]

---

21. A.a.O., S. 79.
22. A.a.O., S. 274.

Gerade dieses Einssein ist, wie wir sehen werden, ein ganz wesentlicher Teil der Selbstentwicklung. Denn es wird sich im Verlaufe der Entwicklung des Selbst immer mehr ausweiten, vom einfachen Einssein im *Flow* hin zu dem Einssein des ‚Satori'. Diese höchste Stufe der Selbst- und Bewusstseinsentwicklung geht einher mit der Beobachtung der Einheit des Selbst mit dem Kosmos. *Flow* selbst oder der Vollzug des Daimons legt den Grundstein für das Satori und seine erste Realisation. Wie es Ken Wilber in seiner Kritik an der Postmoderne, *Boomeritis,* ausdrückt:

> Das ist es, worum sich die Erfahrung ‚high zu sein' [Flow] eigentlich dreht, ob das nun von Drogen oder Musik, Joggen, Yoga, Bergsteigen oder dem Gefühl, sich zu verlieben, kommt. Was alle diese ‚Höhepunkte' gemeinsam haben, sind zwei Dinge: Ein kurzer Blick auf den Dritten Rang [Wilbers Begriff für Satori] und gewisse Veränderungen des Gehirns, die daraus resultieren. Ein flüchtiger Blick auf den Dritten Rang gibt dieser Erfahrung ihre profunde Bedeutung und die Gehirnveränderungen steuern ein körperliches Gefühl von Hochgefühlen oder Wonne oder Ekstase bei. Also, ja, im Dritten Rang ist euer Gehirn auf Ecstasy. Doch der Dritte Rang – oder GEIST selbst – ist die ganze Zeit über da, ewigwährend leuchtend […] Doch der springende Punkt ist der, dass alle temporären Hochs – von Sex über Mozart bis zu einem Siegestaumel – einfach nur das eine sind: TEMPORÄR. Der Abhängige bindet sich an diese flüchtigen Erfahrungen – ob nun abhängig von Drogen, Glücksspiel, Sex, Shoppen, Jogging, Arbeit, Geld verdienen, der Thrill des Erfolgs – und diese Abhängigkeiten aller Variationen verfehlen den eigentlichen Grund für die damit einhergehenden Hochs: Den Schritt in die inneren Zustände des Bewusstseins Dritten Ranges und nicht das Erfassen eines externen Objektes oder Ereignisses. Abhängige jagen diese externen Dinge daher obsessiv, zaghaft, zerstörerisch und verrückt und verfehlen damit die Quelle der wirklichen Hochs. Die Glückseligkeit entstammt dem Zeugen und nicht den bezeugten Objekten.[24]

Der Daimon ist damit etwas, von dem wir besessen, auf das wir ganz und gar versessen sind, weil dieses ‚Etwas' uns ausmacht, weil wir es selber sind. Der Daimon motiviert und ermöglicht uns den Zugriff auf

---

23. A.a.O., S. 269.
24. Wilber, Ken, *Boomeritis,* S. 401, Hamburg, 2008.

die transrationalen Bereiche der Psyche, das Numinose und das Okkulte. Diese Form von Streben oder Zielstrebigkeit schützt uns, weil wir dadurch unsere Ziele erreichen werden. Mit anderen Worten stellt der Daimon auch sicher, dass wir unsere Ziele erreichen. Er ‚ist' damit auch die eigene Bestimmung, das eigene Genie und die eigene Berufung.

Wir können also in Flow, Enthusiasmus und Passion das bemerkenswerteste Attribut daimonischen Verhaltens erkennen. Wir erlangen Meisterschaft in den Dingen, wenn wir lernen, im Flow zu sein und uns paradoxerweise nicht mit dem Nutzen der Handlungen auseinandersetzen. Die Euphorie und die Glücksgefühle, die für Flow so charakteristisch sind, beflügeln uns und ermöglichen uns Höchstleistungen. Diese Höchstleistungen mögen in dem Verfassen von Literatur liegen, in der Bildhauerei, dem Musizieren oder es mag die Pflege von Kranken sein, Landwirtschaftsgestaltung, Kung Fu oder Arbeiten auf dem Gebiet der Physik. Das Wesentliche dabei ist, dass der Mensch in diesem Streben den Sinn seiner Existenz sieht, voll in dieser Bestimmung aufgeht und sich im Vollzug seiner Bestimmung selbst übertrifft und transzendiert. Dieser Mensch legt seine episodische, kontingente und sozial konditionierte Bestimmung ab und erkennt eine neue. Nach Jean-Jacques Rousseau kann der Mensch übrigens niemals ein perfektes Wesen sein. Er besitzt aber die Fähigkeit, Fähigkeiten zu erlernen, um die episodenhafte Not und das immer vorhandene Komplexitätsgefälle zwischen Selbst und Welt ausgleichen zu können. Rousseau nennt diese unbestimmte Fähigkeit Bildsamkeit (perfectibilité). Der Mensch reift und bildet sich, um Umwelt-Komplexitäten zu verarbeiten. Interessant ist dabei das französische Wort ‚perfectibilité', das uns an das „Perfekte" erinnert, übersetzt aber Imperfektheit bedeutet.

4. Entwicklungsstufen des Selbst

Ein Poet ist jemand, der fühlt, und der seine Gefühle mit Worten ausdrückt. Dies mag sich einfach anhören. Ist es nicht. Eine Menge Leute denken oder glauben, dass sie fühlen – aber dies ist denken oder glauben oder wissen; nicht fühlen. Und Poesie ist fühlen – nicht wissen oder glauben oder denken. Fast jeder kann lernen zu denken oder glauben oder wissen, doch keinem einzigen menschlichen Wesen kann beigebracht werden zu fühlen. Warum? Weil immer wenn du denkst oder glaubst oder weißt, dann bist du eine Menge anderer Leute: Doch in dem Moment wo Du fühlst, bist du niemand-außer-dir-selbst. Um niemand-außer-dir–selbst zu sein, in einer Welt, die ihr Bestes tut, Tag und Nacht, aus dir alle anderen zu machen, bedeutet, den schwierigsten Kampf zu führen, den irgendein Mensch nur führen kann. Und niemals aufhört zu führen. Und niemand-außer-sich-selbst in Worten auszudrücken bedeutet, noch ein wenig härter als alle anderen zu arbeiten, als jemand, der kein Poet ist, es sich nur vorstellen kann. Warum? Weil nichts einfacher ist, als Worte wie jemand anderes zu gebrauchen. Wir alle tun dies für fast unsere gesamte Zeit, und immer wenn wir es tun, sind wir keine Poeten. Wenn man am Ende der ersten zehn oder fünfzehn Jahre des Kämpfens und Arbeitens und Fühlens eine einzige poetische Zeile geschrieben hat, dann kann man sich sehr glücklich schätzen. Und daher ist mein Rat an alle jungen Leute die sich wünschen, zu Poeten zu werden: Mache etwas Einfaches, wie etwa die Welt in die Luft zu jagen – es sei denn, ihr seid nicht nur willens, sondern glücklich dabei, zu fühlen und arbeiten und kämpfen bis ihr sterbt. Hört sich das düster an? Ist es nicht. Es ist das wundervollste Leben auf dieser Erde. Zumindest fühle ich dies so. [E.E. Cummings, Eines Poeten Ratschlag*]*

Wie wir gesehen haben, besteht das Gesamtselbst aus den drei großen Entwicklungsbereichen Kognition, Emotion und Volition, wobei diese Bereiche selbst viele Subbereiche und Entwicklungslinien (z.B. die Fähigkeit zur logischen Deduktion, emotionale Authentizität oder moralische Werte) beinhalten. Dabei gilt zu berücksichtigen, dass es der Wille ist, durch den wir nicht nur die kognitiven und emotionellen Seinsbereiche entwickeln, sondern auch den Willen selbst. Wille ist die Kraft hinter jeder bewussten Weiterentwicklung und Evolution, nur durch den Willen entwickeln wir unser Gesamtselbst.

Wenn wir beginnen, Wille zum Zwecke der Evolution und Weiterentwicklung anzuwenden, können unterschiedliche Emergenzstufen des Gesamtselbst beobachtet werden, die sich dadurch kennzeichnen, inwiefern Wille auf Kognition, Emotion und Wille selbst Einfluss nimmt.

Zielstellung

Wir wollen kein Modell über die Entwicklungsphasen des Selbst aufstellen – wie beispielsweise das Modell über die Transformation des Selbst von egozentrischen zu ethnozentrischen zu weltzentrischen Entwicklungsstufen und Weltanschauungen[25] –, die kulturell konditioniert sind und die das Individuum auch ohne bewusste Aktivierung des Willens durchläuft, also vom egozentrischen Kind zum ethnozentrischen Jugendlichen hin zum weltzentrischen Erwachsenen. Sondern es sollen jene Entwicklungsstadien gekennzeichnet werden, die sich durch die Anwendung von Wille selbst ergeben. Im Gegensatz zu der ‚unwillkürlichen' oder sozial konditionierten, psychologischen Entwicklung des Selbst, die von der Kindheit bis zum Erwachsenenalter bestimmte Phasen durchläuft, möchte ich also die Phasen der Entwicklung des Gesamtselbst kennzeichnen, die sich durch die Anwendung von Wille ergeben.

Dabei soll dieses Modell einem ganz besonderen Anspruch genügen: Es soll die Grade der Bewusstheit des Individuums über die eigenen Prozesse kennzeichnen, durch die es sein eigenes Selbst formt und transformiert. Wenn wir uns erinnern, hatten wir am Anfang dieser Untersuchung drei Fragen gestellt. Die zweite war: Inwiefern beeinflusst die Anwendung von Wille die Selbstformung? Genauer: Wie erzeugen wir durch Wille die Wirklichkeiten unseres Selbst? Ein Modell über das Selbst muss also auch kennzeichnen, wie sich unser Selbst durch die Anwendung von Wille transformiert. Entsprechend wollen wir drei all-

25. Vgl. Ken Wilbers Buch *Integrale Psychologie,* in der er ausführlich und zusammenfassend die Ergebnisse der Entwicklungspsychologie beschreibt, und zwar als eine schrittweise Transformation von den egozentrischen Impulsen des Kleinkindes zu den ethnozentrischen Impulsen des Pubertären und den weltzentrischen Impulsen des Erwachsenen.

gemeine Grade oder Stufen des Selbst beschreiben, die die angewandte Bewusstheit über die Konstruktion des Selbst kennzeichnen:

1) das post-egoische Selbst 1 oder das ‚strebende Selbst'
2) das post-egoische Selbst 2 oder das ‚wahre Selbst'
3) das post-egoische Selbst 3 oder das ‚Trans-Selbst'

Diese drei Entwicklungsstufen des Gesamtselbst ergeben sich aus der zunehmenden Fähigkeit, die Operationen des Beobachters dritten Grades und die Konstruktion der psychischen Wirklichkeiten navigieren zu können. Mit anderen Worten: Diese drei Stufen kennzeichnen die zunehmende Fähigkeit des Individuums, seine eigene psychische Autopoiese zu steuern. Sie stellen damit auch die zunehmende Fähigkeit dar, sich die Prinzipien der Evolution nutzbar zu machen. Aus diesem Grunde nenne ich diese Stufen des Gesamtselbst ‚post-egoisch'. Das post-egoische Selbst 1 erlangt die Fähigkeit, die Operationen und Wirklichkeiten des Beobachters ersten Grades zu navigieren. Das post-egoische Selbst 2 erlangt die Fähigkeit, die Operationen und Wirklichkeiten des Beobachters zweiten Grades und damit die Realitätskonstruktion zu navigieren. Das post-egoische Selbst 3 erlangt die Fähigkeit, vollständig das Potential des Beobachters dritten Grades auszunutzen.

Wie wir sehen werden, handelt es sich bei dieser Modellierung um ein Meta-Modell der selbstinitiatorischen Entwicklung der Psyche. Dieses Modell der Selbstentwicklung lässt sich auf alle Techniken anwenden, die ein Individuum verwendet, um seine eigene Entwicklung voranzutreiben. Es ist explizit ein Entwicklungsmodell vom Selbst. Bei jeder Entwicklung wird implizit Wille angewendet. Anders herum: Es ist immer der Wille, der das Selbst und die Psyche entwickelt.

Sobald wir die Vorstellung der Evolution des Geistes, der Psyche und des Selbst anerkennen, erkennen wir zwangsläufig eine Form modellhaften Stufendenkens an, wobei es sich um Stufen handelt, die die Evolution des Geistes durchläuft. Doch wieder entsteht die Frage: Wie sehen diese Stufen ‚wirklich' aus? Es ist klar, dass die Menschheit niemals eine vollständige Beschreibung dieser Entwicklungsstufen erzeugen wird. Vielmehr ‚ist' es doch so, dass wir immer wieder neue Aspekte und Eigenschaften dieser Entwicklungsneigung des Geistes finden werden. Doch hilft uns nicht gerade die Akzeptanz der Unbestimmtheit, offen zu bleiben und uns weiterzuentwickeln?

In diesem Sinne kann man also sagen: Dieses Modell des Willens und des Selbst entspricht den Stufen der Transformation des Geistes, wie wir sie von Psychologen, Mystikern, Schamanen oder Weisen kennen. Und diese Stufen können wir über Wille navigieren. Es ist ein Modell darüber, welche Stufen des Selbst emergieren, sobald das Individuum beginnt, sich bewusst und absichtsvoll zu höheren Stufen der Entwicklung zu bewegen.

Das post-egoische Selbst 1: Das ‚strebende Selbst'

Das einfachste Kennzeichen vom suchenden Selbst ist, dass das entsprechende Individuum beginnt, sich mit den Prinzipien der geistigen Evolution vertraut zu machen und seine aktive Weiterentwicklung beginnt. Ich nenne es das ‚suchende' Selbst, weil das Individuum auf der Suche ist: Es strebt nach Bewusstheit, zu seinem wahren Selbst, zum Satori, oder wie auch immer es die höheren Entwicklungsstufen des Selbst nennt. Das Individuum beginnt, seine geistige Evolution selbst zu steuern, indem es lernt, die prä-rationalen Operationen seiner Psyche zu steuern. In diesem Sinne ist das strebende Selbst das erste Post-Ego: Es beginnt die Limitationen und Begrenzungen des (sozialisierten) Egos zu transzendieren.

Dabei beginnt das Individuum auch zu lernen, die konstruktiven Prozesse, durch die Wirklichkeit zu dem wird, wie das Individuum diese Wirklichkeit schließlich erfährt, bewusst über einen Daimon zu navigieren. Bevor ich darauf genauer eingehe, möchte ich darauf hinweisen, dass dieser ersten Stufe bewusster Entwicklung vom Selbst keine Allgemeingültigkeit innewohnt. Nicht jeder Mensch will oder kann sich aktiv weiterentwickeln. Dieses Modell vom Selbst hat insofern keine Gültigkeit außerhalb des Bereiches der Weiterentwicklung. Doch immer dann, wenn ein Individuum beginnt, sich zu entwickeln, wird es ganz distinkte Stufen durchlaufen. Und die erste besteht darin, Aufmerksamkeit auf die eigenen inneren, geistigen Prozesse zu legen, ihre Unstrukturiertheit zu bemerken, diese versuchen zu ordnen und – langfristig betrachtet – die nächsten Entwicklungsstufen des Selbst anzusteuern.

Der Daimon, als das Moment oder die Fähigkeit, Lokalität und Nonlokalität im Handeln zu vereinen, wird von dem suchenden Selbst als inspiriertes, enthusiastisches und daher zielorientiertes und konzentriertes Handeln verstanden. Die Bewusstheit (und Lernaufgabe) des suchenden Selbst liegt darin, Flow oder Passion bewusst zu erzeugen. Das wesentliche Kennzeichen des Flows und der Passion liegt darin, die Harmonie aller Aspekte (lokal/nonlokal) der Psyche unter der Perspektive des Handelns und der Evolution zu ermöglichen. Das strebende Selbst ist die Basis aller bewussten Weiterentwicklung und Evolution.

Das strebende Selbst strebt, weil es grundlegend nicht in Übereinstimmung mit sich, seinen Bedürfnissen, Moralvorstellungen und Verhaltensweisen ist. Dabei sucht es sich häufig von den ausschließlichen Bindungen an die erste, lokale Wirklichkeit – Wilber nennt es Flachland – zu lösen und sich jene geistige Domäne zu erschließen, die Ruhe, Glückseligkeit und Satori verspricht. Das strebende Selbst versucht, authentisch zu sein, und die verschiedensten inneren Differenzen zu vereinen: Reichtum und Armut, Egoismus und Altruismus, Arbeit und Berufung, Sinn und Unsinn etc. Es hat erkannt, oder war stets kurz davor zu erkennen, dass in Bezug auf diese innere Entwicklung ‚der Weg stets das Ziel ist'. Das strebende Selbst will befreit sein, vor allem von störenden Bindungen, denn es hat die limitierende Natur des Egos und seiner Bedürfnisse begriffen. Es will seine wahre Natur entdecken, die jenseits des Egos liegt, das wahre Selbst, bei dem alle Aspekte des Selbst auf natürliche Weise zum Ausdruck kommen, und zwar zum Wohle aller. Und es hat möglicherweise gesehen, dass es etwas gibt, das sogar noch weit über das wahre Selbst hinausreicht, eine Form von GEIST, aus der es selbst entstammt und die nichts als reine Freude ist.

Technischer formuliert ist dieses Selbst das Individuum, das die Verantwortung für die Konstruktion der eigenen psychischen Wirklichkeit, die Navigation seiner Autopoiese und die eigene Evolution übernehmen will. Es strebt nach seinem wahren Selbst und danach, dieses wahre Selbst zum Wohle aller einzusetzen.

Die einzige Art und Weise zu lernen, seine Wirklichkeiten und seine Evolution in Richtung Satori, Samadhi, kosmisches Bewusstsein oder einfach der höchsten Stufen des Bewusstseins zu steuern, geschieht über den Daimon. Dies ist unabhängig davon, welcher spirituellen, religiösen, sozialen oder psychologischen Richtung – und damit einhergehend der entsprechenden Methoden: Meditation, Beten, Sozialarbeit (Karma-Yoga), Transaktionsanalyse etc. – sich das Individuum anschließt. Das Individuum lernt, sich über Verhalten zu transzendieren. Bleibt dies aus, wird an die Idee kein entsprechendes Verhalten gekoppelt und jede Methode bleibt wirkungslos und vergeistigt. Jede Theorie hat nur über Praxis Bedeutung und Praxis hat stets nur dann Erfolg, wenn das Individuum Hingabe und Leidenschaft, also *Flow*, entwickeln kann. Mit anderen Worten: einen Daimon.

Das post-egoische Selbst 2: Das ‚wahre Selbst'

Als Entwicklungsstufe wurde das wahre Selbst[26] von Alters her durch eine Sonne versinnbildlicht, da sie Leben schenkt. Sie wärmt und erleuchtet die Erde. Zudem wird die Sonne meist durch einen Kreis dargestellt, der von jeher ein Symbol der Ganzheit und Vollständigkeit war: das perfekte Symbol für das wahre Selbst. Es handelt sich dabei um das integrale Selbst, welches alle vorherigen Entwicklungsstufen umfassen und integrieren kann und damit in ihrer Funktion ausrichtet und in ihrem Sinn beleuchtet. Doch auch in der Kabbala wurde diese Stufe mit der Sonne gleichgesetzt, nämlich als Tiphareth, das im Zentrum des Lebensbaumes sitzt. Auch hier ist Wilbers *Integrale Psychologie* empfehlenswert, um einen Einblick in die verschiedenen Beschreibungen dieser Entwicklungsstufe zu erhalten. Besonders hervorhebenswert ist aber die Forschung Susanne Cook-Greuters, die diese Entwicklungsstufe die ‚synergetische, konstrukt-bewusste' Stufe der Selbst-Entwicklung nennt. Nach Cook-Greuter kennezeichnet diese Stufe nicht nur die Erkenntnis, dass das Ego als solches (wie auch alle weiteren psychsichen Beobachtungen) konstruiert ist, sondern das sich das Individuum auch der Muster der Entwicklung und Evolution bewusst geworden ist. Erweiternde Gipfelerfahrungen können dabei genutzt werden, um das Ego weiter durchlässig zu machen:

> Am wichtigsten ist, dass eine regelmäßige Praxis des sich nach Innen-Kehrens und das Beobachten der eigenen Gedankenprozesse häufig zu der spontanen Erfahrung einer direkten Form des Seins führt, in der Beobachter und Beobachtetes für einen Augenblick verschmelzen und das personale "Ich" verschwindet. Diese Zustände werden verschiedentlich Gipfelmomente genannt, Flow-Zustände oder Momente der Glückseligkeit. Maslow (1971) und Czikszentmihalyi (1990) zeichnen ausgezeichnete Portraits der Natur dieser Zustände und ihrer durch-

26. Von anderen Autoren häufig auch das ‚tiefe', das ‚ursprüngliche', das ‚höhere' oder das ‚integrale' Selbst genannt.

weg positiven Qualitäten. Ich möchte damit nicht sagen, dass jeder Kontakt mit dem Numinosen selig ist, jedoch dass Flow-Zustände dazu tendieren so zu sein und daher den Reisenden locken, sich nach mehr solcher Erfahrungen zu sehnen.[27]

Ich bezeichne diese Stufe als ‚wahres' Selbst deshalb, weil sich diese Entwicklungsstufe anhand der Freiheit von sozialen Beschreibungen und Rollenvorstellungen konstituiert. Das Individuum ist nicht an eine bestimmte Selbstbeschreibung *gebunden,* weil es die Kapazität erlangt hat, den Beobachter zweiten Grades zu navigieren. Das Individuum kann je nach Umstand oder sozialer Nische, in der es sich befindet, andere Selbstbeschreibungen anfertigen, ohne damit in einen Konflikt mit sich selbst zu kommen. Die Entwicklungsstufe des wahren Selbst ist das realisierte volle Potential eines Individuums. Dieses Potential hat es durch den Willen realisiert. Das Individuum hat seinen wahren Platz und seine wahre Aufgabe (oder Bestimmung) im Universum gefunden/ erzeugt.

Im Gegensatz zum suchenden Selbst hat das wahre Selbst nicht nur Zugriff auf lediglich einen Daimon, sondern erfährt sich selbst als ein Reigen der Daimone. Das wahre Selbst hat keinen Aspekt seiner lebensweltlichen Erfahung, der nicht von Daimonen und seiner ‚schöpferischen Leidenschaft', wie es Kurt Hahn formulierte, durchdrungen ist. Dieses Selbst ist sich bewusst, wie es über den Vollzug des Daimons seine psychische Wirklichkeit erzeugt. Dieses Selbst schöpft beständig neue Formen und darüber sein Schicksal. Es erzeugt in allen Lebensbereichen unterschiedliche Daimone. Nur dadurch erkennt das Individuum zuallererst sein wahres Selbst: Denn das wahre Selbst ist nichts anderes als die emergente Form, die sich daraus ergibt, dass jeder Bereich des Lebens daimonisch gesteuert wird.

Auf dieser Stufe der Selbstentwicklung befindet sich das Selbst in stetem Wandel und steter Transformation. In evolutiver Hinsicht – aus der Perspektive dieser zweiten Stufe der Selbstentwicklung ist alle psychische Wandlung Evolution – taucht hier das Wilber'sche *Bewusstsein zweiten Ranges* auf. Nach Wilber kennzeichnet sich dieses Bewusstsein zweiten Ranges in der Integration aller vorherigen Entwicklungsstufen – wir hatten sie kurz mit Egozentrik, Ethnozentrik und Weltzentrik

---

27. Cook-Greuter, Susanne, *Selbst-Entwicklung - 9 Stufen zunehmenden Erfassens,* S. 23, 2008.

umrissen – unter einer neuen Perspektive, nämlich der großen Generalisierung der ‚Evolution der Geistes'. Genau diese Emergenz führt zu einer Ausdifferenzierung, Spezialisierung und damit Konkretion des Verhaltens: die Entscheidung, sein gesamtes Verhalten (dem Daimon) der Evolution zu unterstellen.

Aus einer anderen Perspektive (oder als andere Beschreibung) kennzeichnet diese zweite Stufe des Selbst nichts anderes als die Bewusstheit über die Autopoiese der eigenen Psyche. Damit ist nichts anderes gemeint, als dass Bewusstheit darüber besteht, wie die Psyche in zirkulären Operationen ihre eigene existentielle Wirklichkeit erzeugt. Das wahre Selbst ist die Bewusstheit und Navigation der eigenen Autopoiese zum Zwecke der Evolution. Sprichwörtlich kann man auch schließen: Dieser ‚Daimon der Evolution' ist das gewisse ‚Etwas', das aus der Summe der Teile mehr macht. Das wahre Selbst verfügt deshalb über keine statischen Elemente (im Sinne des ‚So-bin-ich'). Das wahre Selbst ist das ‚Anders-sein-Können' und die Steuerung der Evolution. Diese Evolution drängt in sozialer Hinsicht dahin, a) anderen in ihrer Evolution zu helfen sowie b) selbst das wahre Selbst zu transzendieren in Richtung dessen, was man gewöhnlich Satori, Samadhi, Erleuchtung, kosmisches Bewusstsein etc. nennt. Dieses Drängen ist der wahre Wille des Individuums, denn der wahre Wille ist der Ausdruck des wahren Selbst. Denn auch hier gilt: Ein wahres Selbst ohne einen entsprechenden wahren Willen ist rein theoretisch und vollkommen bedeutungslos.

Allgemeiner ausgedrückt: Das Individuum, das sein wahres Selbst erkannt hat, hat auch seine wahre Natur und seinen wahren Willen erkannt. Daher kann es natürlich authentisch und gewissenhaft alle Aspekte des Selbst ausdrücken, während es die Aspekte abgelegt hat, die lediglich das Resultat sozialer Erziehung und Konditionierung waren. Das wahre Selbst ist deshalb immer besonders: Der Daimon hat sich vollends entfaltet und nichts anderes verbleibt. Das wahre Selbst hat seine eigene Art, die Welt zu betrachten, eine Art, die nicht auf sozialen Rollenvorstellungen basiert, sondern darauf, dass es erkannt hat, dass es das einzige Selbst ist, das die Welt, ihre Probleme und Lösungen auf eine ganz bestimmte Weise wahrnimmt. Daher hat das wahre Selbst eine Bestimmung, der es aus zwei Gründen folgt: Einerseits kann es nicht anders, denn die Arbeit, die es vor sich sieht, ist seine Natur, seine Berufung. Zweitens ist diese Bestimmung notwendigerweise immer für andere. Es ist der Versuch, seinen Beitrag für das Wohlergehen der Welt zu liefern. Dieses Selbst hat erkannt, dass nicht nur in dem Vollzug seines eigenen Willens, sondern in der Liebe zu anderen Menschen die höchste Form der Befreiung liegt. Das wahre Selbst hat seinen Tod gesehen und strebt ihn mit allen Mitteln an, um so zum nondualen Selbst zu werden, das jede Differenz von Selbst- und Fremdbezüglichkeit transzendiert hat und im Strom des Kosmos aufgeht. Es ist dann nicht mehr das ,Ich', das handelt, sondern ,es' oder ,man': Die Zurechnung auf das eigene Selbst, das handelt, wird nicht mehr vorgenommen.

Das post-egoische Selbst 3: Das ,Trans-Selbst'

Das Trans-Selbst kennzeichnet sich durch die Transzendierung des wahren Selbst und der Selbst-Bezüglichkeit. Es basiert auf der Transzendierung der Selbst-Identifikation und der Freiheit von der dualen Natur des wahren Selbst. Das Trans-Selbst ist deshalb ,trans' und ,nondual', weil es ebenso in der lokalen-temporalen Ebene operiert wie auch in der nonlokalen-nontemporalen Domäne des Geistes und keinen operativen Unterschied zwischen diesen Ebenen zieht.

Während die zweite Stufe – wahres Selbst-Sein – das bewusste Navigieren unterschiedlicher Daimone ist – oder aus anderer Perspektive: das Emergieren und der Vollzug des Daimons der Evolution –, so ist die dritte Stufe die Transzendierung dessen und die Einheit aller Phänomene des Selbst mit dem Kosmos. Diese nonduale Einheit des Selbst mit dem Kosmos ist ein direktes Resultat der daimonischen Arbeit, denn daimonische Arbeit kennzeichnet sich, wie wir bei *Flow* und dem suchenden Selbst gesehen haben, in dieser Einheit, wenn auch nur kurzfristig. Mit anderen Worten: Durch die Arbeit mit den Daimonen lernt das Individuum, die nonduale Einheit zwischen Selbst und Kosmos langfriotig aufrechtzuerhalten, und das Resultat ist (trunkene) Reineekstase (oder, in hinduistsicher Terminologie, *Ananada*), in der GEIST als GEIST erfahren wird, in der keine Unterschiede irgendwelcher Art erfahren oder erzeugt werden. Dieses Bewusstsein ist nondual, weil es keinen Anfang, kein Ende und keine Grenzen kennt. Daher sagt Swami Svatmarama:

> Gerade wie im Wasser das Salz durch Vereinigung demselben gleich wird, so wird die Vereinigung der Seele mit der Allseele Samadhi genannt.[28]

28. Swami Svatmarama, *Hatha-Yoga Pradipika*, S. 77, Hamburg, 2007.

Samadhi wird hier also verstanden nicht nur als ein meditatives Phänomen, sondern als die grundlegende Wesensart des Trans-Selbst. Dieses Bewusstseins-Stadium wurde immer wieder in der Psychologie, Philosophie und Mystik beschrieben. Wir finden es bei Susanne Cook-Greuter in den transpersonalen Stufen, bei Ken Wilber ist es das ‚Bewusstsein dritten Ranges', in der Kabbala die obere Triade des Lebensbaumes (Binah-Chockmah-Kether), bei Dr. Learys achtem neurologischen Schaltkreis usw. Das Trans-Selbst ist das erleuchtete Selbst, das Selbst kosmischen Bewusstseins, das Selbst im Satori.

Jede Form des Gesamtselbst, ob nun suchendes, wahres oder Trans-Selbst, verfügt über die drei Bereiche Emotion, Kognition und Wille, und jeder dieser Bereiche entwickelt sich durch die einzelnen Emergenzstufen des Selbst hin zu Nondualität. Obwohl wir uns erst im vierten Teil des Buches mit den genauen Eigenschaften (der Emergenz) des Trans-Selbst und seinen Entwicklungslinien befassen werden, können wir jetzt schon sagen, dass sich das Trans-Selbst genau dadurch kennzeichnet, dass Kognition, Emotion und Wille nondual geworden sind, und jede in der Psyche zugrunde liegende Differenz, z.B. zwischen Selbst und Universum, transzendiert wurde.

5. Willens-Formung

Viele Mystiker und spirituelle Lehrer wie Rudolf Steiner, Sri Aurobindo, Thich Nhat Hanh und Osho Rajnesh haben die Idee dieser drei essentiellen ‚Fenster zum Göttlichen' verfochten. Zum Beispiel beschreibt Sri Aurobindo die ‚drei dynamischen Bilder, durch die man in Kontakt mit der ‚höchsten Realität' kommt. Diese lauten: 1) Der Weg des Intellekts oder des Wissens – der Weg der Wahrheit; 2) Der Weg des Herzens oder der Emotion – der Weg der Schönheit; und 3) Der Weg des Willens oder der Handlung – Der Weg der Güte. [*Steve McIntosh,* Integrales Bewusstsein]

Wir haben nun drei Stufen der Selbstentwicklung differenziert: Das suchende oder strebende Selbst, das mit seiner eigenen Weiterentwicklung beginnt; das wahre Selbst, das seine eigene wahre Natur erkannt hat und zum Wohle anderer einsetzt; das Trans-Selbst bzw. das nonduale Selbst, welches sich durch die Eigendynamik seines evolutiven Strebens und seiner Arbeit für andere selbst transzendiert und alle Differenzen in der Psyche überwunden hat.

Mit diesem Entwicklungsmodell der drei Stufen des Selbst stellt sich – *insofern wir den Willen als Teil des Selbst betrachten* – die Frage nach der Natur des Willens. Muss sich mit den einzelnen Entwicklungsstufen des Selbst nicht auch die Qualität/Quantität des Willens ändern? Muss sich, mit anderen Worten, nicht mit der sich steigernden Bewusstheit über die Prozesse des Selbst auch zwangsläufig die Bewusstheit darüber steigern, was gewollt und wie gewollt werden kann? Wir kommen hiermit also zu der dritten und schon am Anfang des ersten Teils dieses Buches gestellten Frage, nämlich, wie sich mit der Entwicklung des Selbst auch die Volition ändert, um eben durch diesen Willen wieder höhere Stufen des Selbst zu erlangen. Die Frage, die wir uns also stellen wollen, lautet: Welcher Art sind die Entwicklungsstufen des Willens?

Die Emergenzen des Willens

Auch für den Willen gilt in Relation zu der Entwicklung des Selbst ein dreistufiges Entwicklungsmodell. Wir wollen Wille als eine menschliche Fähigkeit betrachten, die erlernbar ist und deren Entwicklung mit der des Selbst konform geht. Während sich die Teile 2, 3 und 4 dieses Buches um die einzelnen Stadien und Stufen des Willens in Relation zu der Entwicklung des Selbst drehen, wollen wir an dieser Stelle eine kurze Charakterisierung der drei Willensstufen vorwegnehmen. Die Stufen gehen auseinander hervor und stellen eine Transformation dar, die in der zunehmenden Fähigkeit des Individuums besteht, die eigenen Prozesse zu navigieren und damit die eigene Evolution zu steuern.

Wir können also mit dem Willen nicht nur unser Gesamtselbst entwickeln – vom suchenden Selbst zum wahren Selbst zum Trans-Selbst – sondern wir entwickeln mit diesem Willen auch die Elemente und Substrukturen des Gesamtselbst: Kognition, Emotion und Volition selbst. Wir können mit unserem auf Evolution ausgerichteten Willen unseren alltäglichen Willen entwickeln und damit die Art, wie und mit welchen moralischen Werten und welcher Form von Konzentration wir uns verhalten. Hierauf werden wir in den nächsten Kapiteln genauer eingehen.

Wir wollen die Entwicklung des Willens insofern anhand der Entwicklung von Kognition, Emotion und Volition differenzieren. Alle Bereiche des Gesamtselbst fließen in die Willensbildung mit ein. Anders herum: Ein post-egoischer Wille verfügt über die drei Dimensionen Kognition, Emotion und Volition.

Je weiter sich unsere Kognition entwickelt, desto bewusster können wir uns auf die Zukunft ausrichten und Ziele formen, was ein wesentliches Element von Wille ist. Je mehr wir unsere emotionale Intelligenz entwickeln, desto mehr Intensität können wir formen, desto mehr Ekstase und Liebe können wir empfinden. Auch dies sind, wie wir sehen werden, wichtige Charakteristika des Willens. Und je entwickelter unser Verhalten ist, umso konzentrierter wir zu Werke gehen, umso besser können wir unsere Ziele im Alltag umsetzen. Wille setzt sich also immer aus kognitiven, emotionalen und volationären Elementen zusammen.

Da das sich entwickelnde Gesamtselbst nun durch drei post-egoische Entwicklungsstufen evolvieren kann, können wir annehmen, dass auch der Wille drei post-egoische Entwicklungsstufen durchläuft, da ja das Selbst der Ursprung des Willens ist. Wollen wir den Willen an sich im Rahmen einer Entwicklungsperspektive modellieren, müssen wir also fragen, wie sich die Kognition, Emotion und Volition als Elemente des Gesamtselbst entwickeln.

Eine dreistufige post-egoische Entwicklung der Kognition besteht immer in der Steigerung der Bewusstheit über die Autopoiese der Psyche, und im Rahmen von Wille entwickelt sich die Kognition stets als sich steigende Bewusstheit über Zielkonstruktion (Wille 1), Sinnkonstruktion (Wille 2) und nondualer Kognition (Wille 3). Auch der Bereich der Emotion und Gefühle, als zweites Element des Gesamtselbst, entwickelt sich post-egoisch, im Kontext von Wille von der Fähigkeit, Intensität zu erzeugen, und zwar als *Flow*, hin zur Mühelosigkeit und zur nondualen Emotion. Und schließlich entwickelt sich auch die Volition selbst, und zwar in Form einer stufenweisen Steigerung des konzentrierten Verhaltens bis hin zum nondualen Konzentration.

Dementsprechend verstehen wir:

1) Wille 1 als die Einheit von Ziel, *Flow* und Verhalten
2) Wille 2 als die Einheit von Sinn, Mühelosigkeit und Verhalten
3) Wille 3 als die Einheit von einem nondualen Bewusstsein, nondualer Emotion und nondualer Konzentration

Wille 1

Wille 1 ist das Navigieren-Können des Beobachters ersten Grades und damit der prä-konventionellen und prä-rationalen Operationen der Psyche. Daher zeigt sich Wille 1 als das erste und selbstinitiierte Inkrafttreten des Daimons und zwar als bewusste und zielorientierte Anwendung von Flow/Enthusiasmus/Passion. Wille 1 ist der Ausdruck des suchenden Selbst.

Wille 1 ist ein leidenschaftlicher und kraftvoller Wille, der nicht nur auf ein beliebiges Ziel zustrebt, sondern auf ein Ziel, das unsere eigene Weiterentwicklung markiert. Hinzu kommt: Durch und mit Willen beginnt man, seine psychischen Wirklichkeiten zu verändern und damit zu lernen, sein Schicksal zu formen. Die Wirklichkeiten, die über Wille 1 zielorientiert verändert werden, sind die Informations-Räume.

Wille 1 verfügt – ganz oberflächlich betrachtet – über mehrere Aspekte: Ein neuer Bereich, in dem man arbeitet, ein Ziel, sowie Leichtigkeit, Freude und Kreativität, mit denen aufkommende Probleme zur Zielerreichung gelöst werden. Diese Fassung von Wille 1 widerspricht unserem gewöhnlichen Sprachgebrauch. Der italienische Psychologe

Roberto Assagioli beispielsweise nimmt in seinem Buch *Die Schulung des Willens*[29] noch an, dass ‚Hartnäckigkeit' ein Bestandteil von Wille sei. Hartnäckigkeit führt allerdings, wie man so sagt, zu verspannten Schultern und verspanntem Nacken, und meist sind die Menschen, die hartnäckig sind, weder voller Leichtigkeit noch voller Freude, von Kreativität ganz abgesehen. Disziplin kann allerdings hilfreich sein, um überhaupt zu lernen, dass man ein Ziel erreichen kann.

Die vornehmste Eigenschaft des Daimons bei Wille 1 ist es, sich in Flow oder Enthusiasmus bei der Zielerreichung auszudrücken. Man kann einwenden, dass ‚ein neuer Bereich, der erschlossen wird' nicht konstitutiv für Wille ist. Doch nach der Fassung, die ich vorschlage, ist gerade das Neue konstitutiv für Willen. Es ist nicht tatsächlich Wille, wenn jemand sagt: „Ich will heute Abend dies oder jenes tun", wenn er dies jeden Abend macht. Hier handelt es sich eher um eine Gewohnheit, die sich selbst als ‚freie Entscheidung' verkleidet. Wille hingegen erschließt immer das Neue. Dritte, wie zum Beispiel der Autor und Philosoph Peter Bieri in seinem Buch *Das Handwerk der Freiheit*, mögen einwenden, dass Zielerreichung nicht konstitutiv für den Willen ist. Dies ist insofern absurd, weil die einzige Überprüfungsmöglichkeit, ob Wille vorliegt, die erfolgreiche Tat ist und nicht das gesprochene Wort.

Viele Menschen kennen wohl das Gefühl, voller Enthusiasmus und Freude, voller Leichtigkeit und Kreativität an einer neuen Arbeit, einem neuen Projekt, Hobby oder Ähnlichem zu arbeiten. Die Arbeit an dem neuen Projekt macht Spaß, häufig vergisst man die Zeit, hat viele neue Ideen und erwirbt relativ schnell neue Fähigkeiten. Häufig hält dieser rauschähnliche Zustand aber nicht beständig an, Freude und Leichtigkeit verfliegen angesichts neu aufkommender Probleme und nicht selten ist dies der Anfang vom Ende. Die ‚Ernüchterung' folgt und das neue Projekt wird immer häufiger und manchmal sogar ganz liegengelassen. Geschieht dies aber nicht, verfügt der Mensch über die Fähigkeit, sich diese Freude und Leichtigkeit zu erhalten, selbst und vor allem im Angesicht der Probleme (die man ja im Prinzip durch den Beginn der Auseinandersetzung mit dem neuen Projekt selbst erzeugt hat).

Wille 1 ist in dieser Fassung ein recht singuläres Phänomen und bezieht sich meist nur auf einen oder einige wenige Lebensbereiche. Ein

---

29. Assagioli, Roberto, *Die Schulung des Willens*, S. 143, Junfermann, Paderborn, 1982.

Individuum kann diesen Willen in einem Bereich seines Lebens ausformen und alle anderen Bereiche seines Lebens davon unberührt lassen. In jedem Fall ist aber bedeutsam, dass Wille 1 immer Ausdruck eines Selbst ist, welches beginnt, sich selbst und seiner Prozesse bewusst zu werden. Wille 1 führt – konsequent angewandt – immer zu dem sichselbst-bewussten, wahren Selbst und damit zu dem, was Ken Wilber das integrale *Bewusstsein Zweiten Ranges* nennt.

Wille 2

Ganz allgemein ist Wille 2 das Navigieren-Können der Operationen des Beobachters zweiten Grades (durch den Beobachter dritten Grades) und damit die Steuerung der psychischen Wirklichkeit der Realität. Die Steuerung des Beobachters zweiten Grades führt dazu, *viabel* zur Evolution Sinn setzen zu können. Über Sinn formen wir unsere psychische Realität, und mit der Kontingenz von Sinn entsteht die Möglichkeit der neuen Selektion von Sinn. Dementsprechend zeigt sich Wille 2 dann in dem mühelosen Vollzug von Sinn, sowie das stets mühelose Erreichen von Zielen.

Mit anderen Worten: Flow kann in allen Lebenslagen angewandt werden, in allen Lebenspraxen kann ein Daimon die Führung übernehmen. So wie das wahre Selbst das strebende Selbst integriert und transzendiert, so integriert und transzendiert Wille 2 Wille 1. Und in diesem Sinne ist Wille 2 ein Reigen der Daimone und der Ausdruck des wahren Selbst.

Wille 2 zu leben, heißt, immer daimonisch zu leben, in allen Lebenslagen: der Reigen der Daimone und die Emergenz des Daimons der Evolution. Wille 2 heißt – im Gegensatz zu Wille 1 – *immer* Wille zur Evolution. Diese Fähigkeit basiert auf einem gesunden, autarken und authentischen Selbst. Wille 2 ist gleichermaßen ein müheloser Wille und ein moralischer Wille – auf das Wohl aller ausgerichtet. Die Fähigkeit, seine psychischen Wirklichkeiten zu formen (Schicksal), hat einen Emergenzsprung vollzogen und ermöglicht jetzt die Navigation der Realität. Wille 2 basiert auf der Erkenntnis von der Bestimmung alles Lebendigen, sprich der Erkenntnis von Evolution.

Mit Wille 2 und der Erkenntnis des ursprünglichen Selbst geht ein bis dato vollkommen neues Begreifen der Sinnhaftigkeit der Existenz einher. Der Sinn der Existenz wird als Evolution verstanden, der eigenen sowie der aller anderen. Alles tun, alles wollen zu können, steht im Dienste dieser Evolution. In systemischer Hinsicht führt Wille 2 – konsequent angewandt – immer zu der Transzendierung des Selbst. Spätestens an dieser Stelle sollte die Dichotomie und der funktionelle, dynamische Zusammenhang der Entwicklung von Selbst und Wille begriffen sein.

Wille 2 ist also die Navigation der eigenen Evolution unter dem Gesichtspunkt der Autopoiese der Psyche. Das meint, dass die Psyche sich selbst und ihre Wirklichkeiten erzeugt und das Selbst damit authentisch, autark und autonom wird. Das Individuum lebt im Einklang mit sich selbst und dem Kosmos, und zwar in jedem Augenblick. Es gibt keinen Moment, in dem man nicht vollständig im Einklang mit der Welt und sich selbst ist. Wille 2 bedingt die Erkenntnis des tiefen, wahren Selbst.

Wille 3

Wille 3 ist die Fähigkeit des Beobachters dritten Grades, die psychische Wirklichkeit der Inkarnation zu verändern. Wille 3 ist dabei Ausdruck des post-egoischen Trans-Selbst und in seiner Natur nondual: Die Differenz von Selbst und Kosmos in der Psyche wurde aufgehoben.

Wille 3 heißt, Wille selbstlos anzuwenden. Während der Schwerpunkt bei Wille 1 auf dem Flow des Handelns und bei Wille 2 auf der Mühelosigkeit in allen Handlungen liegt, so liegt der Schwerpunkt bei Wille 3 in der Transzendierung des Selbst und in der Öffnung gegenüber dem Numinosen, dem Göttlichen. Die Ursachen des Willens liegen nicht mehr im Selbst oder der Zurechnung auf das Selbst. Wille 3 ist der *Große Wille*, der gleichermaßen den Kosmos und alles in ihm durchströmt.

Das Individuum, das diesen Willen formt, hat den illusorischen Charakter seines wahren Selbst erkannt. Die Grenzziehung zwischen In- und Umwelt, zwischen Selbst und Universum wird hier nicht nur als künstlich erkannt, sondern transzendiert: Kosmisches Bewusstsein als Einheit von Selbst und Universum emergiert. Schopenhauer dachte diesbezüglich in eine ähnliche Richtung. Der Wille selbst ist für ihn ohne Grund und Motiv. Das Motiv bestimme nur, was gewollt wird, nicht, dass gewollt wird: „In der Tat gehört Abwesenheit allen Zieles, aller Grenzen, zum Wesen des Willens an sich, der ein endloses Streben ist. [...] So aber gerade verhält es sich mit allem Streben aller Erscheinungen des Willens: Jedes erreichte Ziel ist wieder Anfang einer neuen Laufbahn, und so ins Unendliche [...] Diesem allen zufolge, weiß der Wille, wo ihn Erkenntnis beleuchtet, stets was er jetzt, was er hier will, nie aber was er überhaupt will: Jeder einzelne Akt hat einen Zweck: das gesamte Wollen keinen."[30]

Pseudo-Wollen

Soweit zur Oberflächenstruktur der drei Willensformen. Diesen ersten Teil abschließend folgen nun ein paar Bemerkungen, bevor wir ab Teil 2 die Tiefenstrukturen zu den drei Formen des Willens beschreiben/erzeugen. Wie schon angedeutet, unterscheidet sich diese Differenzierung des Willens sehr von unserer alltäglichen Verwendung dieses Begriffs. Wie es jedem ersichtlich werden kann, handelt es sich bei dieser Willensfassung um ein Entwicklungsmodell. Wille wird als etwas konzipiert, das lernbar ist. Wille ist uns nicht in die Wiege gelegt worden, genauso wenig wie logisches Denken, Autofahren, Schreiben, Sprechen oder künstlerischer Ausdruck. Es ist eine erlernbare Fähigkeit. Sie darf auf keinen Fall mit unseren Gewohnheiten verwechselt werden, wollen wir das Potential des Willens ausschöpfen. Zu sagen: ‚Ich will', heißt nicht immer, auch tatsächlich Wille anzuwenden. Viele Denker – Philosophen wie Psychologen – haben uns immer wieder auf die Illusion des freien Willens hingewiesen, nicht nur aufgrund neurologisch fundierter Überlegungen, sondern vor allem aufgrund jener Überlegungen, die sich um die Natur des Willens selbst drehen.

Einer dieser Denker, der Psychologe Erich Fromm, hat beispielsweise bei der Betrachtung des menschlichen Willens eine gängige Illusion des menschlichen Handelns offen gelegt und konstatierte, „dass das, was der Mensch oft für eine freie Willensentscheidung hält, in Wirklichkeit ein äußerer Zwang ist, der auf ihm lastet und dem er sich unterwirft." In seinem Buch *Die Furcht vor der Freiheit* stellt er fest, dass „die meisten Menschen überzeugt sind, dass ihre Entschlüsse die ihren sind und dass es sich um ihr eigenes Wollen handelt, wenn sie etwas wollen, solange sie nicht von einer anderen Macht offen zu etwas gezwungen werden. In Wirklichkeit verhalten sich viele Menschen so, wie es andere erwarten. Dahinter steht die Angst vor Isolierung und die vermeintliche unmittel-

30. Schopenhauer, Arthur, *Die Welt als Wille und Vorstellung*, S. 230, Zürich, 1991.

bare Bedrohung unserer Freiheit und unserer Behaglichkeit."[31] Fromm nennt dies ‚Pseudo-Wollen'.

Die Autopoiese der Psyche

Wir haben uns in diesem ersten Teil des Buches im Wesentlichen damit beschäftigt, die theoretischen Grundlagen der Autopoiese der Psyche zu erörtern. Denn die Fähigkeit, die eigene psychische Autopoiese zu beobachten, ist eine der Grundbedingungen von dem, was Susanne Cook-Greuter als ‚Konstrukt-Bewusstsein' bezeichnet hat. Konstrukt-Bewusstsein heißt immer, die Autopoiese der Psyche zu navigieren. Das bedeutet, dass durch die Emergenz des Beobachters dritten Grades die Psyche die Kapazität erlangt, sich selbst zu formen. Sie erzeugt über den Beobachter dritten Grades die psychischen Wirklichkeiten, und das heißt auch immer: sich selbst in der Zukunft. Der Sinn der (Navigation der) Autopoiese liegt immer darin, evolutionär zu handeln und sich weiterzuentwickeln. Ein mögliches Ziel dieses Sinns liegt wiederum darin, die psychische Wirklichkeit des ‚Satori' oder des ‚Unitären Bewusstseinszustandes' zu erzeugen.

Wille, wie wir ihn hier konzeptualisieren, ist immer die Anwendung der Navigation der Autopoiese der Psyche. Praktisch heißt dies: Wie auch immer man Satori beschreibt, beispielsweise als *unitäre* Entwicklungsstufe oder als kosmisches, nonduales Bewusstsein, so ist dieses Satori immer ein psychischer Zustand. Das Erlernen der Navigation der Psyche kann dann immer dazu führen, diesen psychischen Zustand zu erzeugen. Wille ist damit immer das Mittel zur Realisation des unitären Bewusstseins oder eben der Erleuchtung. Hinter jeder Veränderung, die wir vornehmen, steht Wille. Die Darstellung eines solchen Willens ist das zentrale Anliegen dieses Buches.

---

31. Fromm, Erich, *Die Furcht vor der Freiheit*, S. 127, München, 1993.

Zusammenfassung

Wir sahen bislang, dass der Wille nicht nur im Allgemeinen eine treibende Kraft ist, unsere Wirklichkeit zu gestalten, sondern im Besonderen auch die Wirklichkeit unseres Selbst, d.h. wie wir unser Selbst beobachten. Jede unserer gewollten Taten, die etwas Neues anstrebt, führt zu einer Veränderung unserer psychischen Wirklichkeit. Anders herum heißt dies: Wir können durch unseren Willen unser Selbst gestalten. Wie genau, hängt davon ab, welche Kriterien wir an ein solches Selbst anlegen.

Zum einen hatten wir uns dafür entschieden, der Vorstellung von der Evolution des Selbst zu folgen, wobei wir uns bei den damit einhergehenden Entwicklungsstufen auf die Ergebnisse der Entwicklungspsychologie (im weitesten Sinne) beziehen. Das heißt, wir modellieren ein Selbst, welches durch den Willen gewisse Entwicklungsstufen durchläuft und dabei nicht nur seine wahre Bestimmung findet (sein ‚wahres Selbst'), sondern darüber hinaus höchste Stufen des nondualen Bewusstseins des Selbst zu erzeugen lernt.

Zum anderen hatten wir dabei als eine formbildende Kraft dieser Evolution den Daimon erkannt, den transrationalen Aspekt des Selbst, der über einen lokalen wie nonlokalen Wirkungsbereich verfügt und dessen Funktion darin besteht, das Individuum mit Motivation, Kreativität, Sinn/Bestimmung und der Bereitschaft auszustatten, über sich selbst hinauszuwachsen. Wir hatten gesehen, dass der Beginn aller ‚Erleuchtung' in der richtig ausgeführten Handlung liegt, die um ihrer selbst willen ausgeführt wird und nicht aus egozentrischen Beweggründen. Durch so eine Handlung wird eine Harmonie und Einheit von Individuum und Kosmos hergestellt. Jede Erleuchtung – bis hin zu höchsten Stufen nondualen Bewusstseins – besteht in nichts anderem, als diese daimonische Fähigkeit weiter auszubauen und in allen Bereichen und Situationen des Lebens voller Liebe und Wille, zum Wohle aller handeln zu können.

Drittens hatten wir erkannt, dass mit unterschiedlichen Stufen des Selbst auch unterschiedliche Willensqualitäten emergieren, die wie Katalysatoren der weiteren Evolution wirken. Die Evolution des Selbst hängt insofern mit der des Willens eng zusammen. Ein *Zen-Meister* wird nicht nur über ein erweiterteres Bewusstsein als ein *Zen-Student* verfügen, sondern auch über einen klareren, einfacheren und doch effektiveren Willen. Ein hinduistischer *Swami* wird nicht nur über ein reineres und klareres Selbst verfügen als ein junger *Sannyasin*, sondern auch über einen zielstrebigeren und viel umfassenderen Willen. Ein erleuchteter Sufi wird nicht nur sein Selbst auf viel umfassendere Weise transzendiert haben als ein Schüler, er wird auch über einen mächtigeren Willen verfügen und mehr bewirken können. Satori zeigt sich viel weniger in schönen Worten als vielmehr in dem Erfolg der Handlungen, die Ausdruck des Willens und der Liebe sind. Anders herum heißt dies auch: Über die Kultivierung des Willens an sich lassen sich die höchsten Stufen der Weiterentwicklung erlangen, denn der Wille ist das Herz jeder Weiterentwicklung, welche Technik oder Methode man im Einzelnen auch anwendet. Wille ist daher die große Generalisierung spirituellen Handelns. Hinzufügend können wir festhalten: Da der Daimon sich immer in Handlung und in Intensität äußerst, so manifestiert sich der Daimon bei Wille 1 immer in Flow/Passion, bei Wille 2 immer in Mühelosigkeit und bei Wille 3 immer in Nondualität. Dieser dreifachen Generalisierung von Wille wollen wir uns nun im Detail zuwenden.

Abschließend möchte ich der Übersicht halber eine Tabelle der in diesem ersten Teil besprochenen Korrespondenzen anfügen.

Emergenz	Emergenz des Selbst	Stadium des Willens	Navigation des	Navigation der psychischen Wirklichkeit
Post-egoische Stufe 1	Das strebende Selbst	Wille 1	Beobachter 1. Grades	Informations-Raum
Post-egoische Stufe 2	Das wahre Selbst	Wille 2	Beobachter 2. Grades	Realität
Post-egoische Stufe 3	Das Trans-Selbst	Wille 3	Beobachter 3. Grades	Inkarnation

Das heißt: Es gibt drei post-egoische Stufen psychischer Emergenz. Dementsprechend gibt es drei Formen post-egoischer Gesamtselbste. Jeder dieser drei post-egoischen Gesamtselbste erzeugt einen bestimmten post-egoischen Willen. Trainiert werden kann jeder Wille durch eine Form post-egoischer Konzentration[32], bzw. jeder Wille ist Ausdruck einer Form psychischer Konzentration. Jeder post-egoische Wille basiert auf der Navigation eines psychischen Beobachters und resultiert in der Navigation einer psychischen Wirklichkeit.

32. Ich werde später auf den Zusammenhang von Wille und Konzentration zu sprechen kommen und erklären, was unter post-egoischer Konzentration zu verstehen ist.

II. Wille 1

Wille 1 ist die Einheit von Zielen, Flow und Verhalten

1. Information

Information ist nach heute geläufigem Verständnis eine Selektion aus einem (bekannten oder unbekannten) Repertoire von Mögl-ichkeiten. Ohne diese Selektivität der Information kommt kein Kommunikationsprozess zustande. [Niklas Luhmann, Soziale Systeme*]*

Die traditionelle Erkenntnistheorie war davon ausgegangen, dass die Welt genauso ist, wie sie sich in der Wahrnehmung zeigt. Sie hatte die Leistung der Psyche, wie sie die Wirklichkeit zur Wirklichkeit macht, damit jedoch nicht erfasst. Zur Phänomenologie der Psyche gehörte dementsprechend ein Wille, der es dem Individuum erlaubte, sich in dieser Welt zu bewegen. Mit dem Wandel einer repräsentationalen zu einer operativ-konstruktivistischen Erkenntnistheorie, wie wir es in den 60er Jahren des letzten Jahrhunderts beobachten konnten, muss nun auch ein neues Modell über den Willen folgen. Die Frage kann dann lauten, wie das Individuum durch Wille seine Wirklichkeiten gestaltet.

Genauer: Die traditionelle Auffassung von Wille besagt, dass er eine Art Kraft sei, durch die man sich innerhalb einer, objektiv beobachtbaren, externen Welt bewegt. Doch anhand unserer Überlegungen können wir schon jetzt festhalten, dass es bei Wille weniger darum geht, sich in einer Welt zu bewegen, als vielmehr darum, sie in psychischer Hinsicht zu erzeugen. Wie wir im ersten Teil dieses Buches gesehen haben, erzeugt Psyche ihre eigenen Wirklichkeiten. Und ein operativ-konstruktivistisches bzw. postkonventionelles Modell von Wille zeigt dann, dass und wie das Individuum die Wirklichkeiten erzeugt, die es auch erzeugen will. Ich möchte noch einmal betonen, dass dies kein solipsistischer Ansatz ist. Es geht nicht um die Konstruktion der materiellen, externen Welt, sondern um das interne, psychische Modell von ihr: Das, was wir wahrnehmen können. Eine Kennzeichnung der Elemente des Willens – wie wir sie gleich vornehmen werden – muss dann auch immer im pragmatischen Sinne zeigen können, wie sich durch die Anwendung von Willen die Welt verändert.

Information

In unserer Alltagssprache verwenden wir den Begriff ‚Wille' immer, um sozial zu zeigen, was wir erreichen wollen, und um uns bewusst zu werden, was unsere handlungsrelevanten Motivationen, Bedürfnisse und Ziele sind. Doch woran können wir nun bemessen, dass wir mittels Willen tatsächlich etwas Neues (eine neue Wirklichkeit) erzeugen und nicht die Wirklichkeiten, die uns schon bekannt sind – denn Wille soll sich ja *per definitionem* dadurch auszeichnen, dass man durch ihn etwas Neues realisiert? Mit anderen Worten: Inwiefern unterscheidet sich die modellhafte Tiefenstruktur z.B. bei folgenden Formulierungen:

„Ich will heute fernsehen (was ich fast jeden Abend mache)."
„Ich will (und werde zum ersten Mal) Fallschirmspringen."

Dass bei diesen beiden hypothetischen Aussagen zwei vollkommen unterschiedliche Tiefenstrukturen vorliegen, bei denen die eine auf etwas Altbekanntes und die andere auf etwas Neues verweist, ist sofort ersichtlich. Doch wie kann man diesen Unterschied weiter differenzieren? Wir wollen zur Beantwortung dieser Frage den Begriff der Information bemühen.

Norbert Wiener und Claude Shannon zeigten – in kommunikationstheoretischer Hinsicht – dass sich eine Information immer dadurch auszeichnet, dass sie Elemente enthält, die man nicht erwartet. Eine Information ist also immer der unerwartete Teil der Botschaft. Interessanterweise wird in der Systemtheorie der Begriff ähnlich gebraucht. Information verweist als Begriff immer auf ein Ereignis, das den Wechsel zu anderen Verhaltensweisen und Systemzuständen motiviert[33]. Gerade dieser Wechsel und die Zustandsveränderung des Systems kennzeichnen die Neuigkeit. Neuigkeit zeichnet sich also dadurch aus, dass eine „Information, die sinngemäß wiederholt wird, keine Information mehr ist. Sie behält in der Wiederholung ihren Sinn, verliert aber ihren Informationsgehalt."[34] Neue Informationen implizieren, dass die Psyche neue kognitive Strukturen auszubaut um sich weiter auszudifferenzieren, denn neue kognitive Strukturen können nur durch neue Ereignisse und Zustandsveränderungen der Psyche entstehen. Praktisch heißt das ganz einfach: Jede neue Unternehmung, jedes neue Projekt und

33. Luhmann, Niklas, *Soziale Systeme*, S. 102, Frankfurt a. M., 1984.
34. A.a.O.

jedes tatsächliche Anstreben neuer Horizonte (Ziele) geht immer mit neuem Wissen, neuen Erkenntnissen und Perspektiven einher.

Um die Frage nach der Differenzierung von Neu und Alt zu klären, will ich diese systemische Konzeption des Informationsbegriffs auf die Psyche übertragen und damit kennzeichnen, dass sich der Neuigkeitsgehalt einer psychischen Wirklichkeiten durch die Zustandsveränderungen der Psyche und damit durch Information bemessen lässt. Mit jeder neuen Wirklichkeit werden Informationen erzeugt, die ihrer Natur nach immer neu sind.

Der Begriff ‚Information' beinhaltet immer einen pragmatischen Aspekt. Solange via Verhalten keine neuen Wirklichkeiten erzeugt wurden, wurden keine neuen Informationen erzeugt. Und auch anders herum gilt: An neuen Informationen lässt sich zeigen, dass neue Wirklichkeiten erzeugt wurden. Aus diesem Grund ist Verhalten, wie wir im weiteren Verlauf sehen werden, ein notwendiges Element von Wille.

Wille 1 ist also immer das, was nach der Realisierung neuer Horizonte (Ziele) strebt und damit neuer Wirklichkeiten. Wie ich zeigen werde, geht das Erzeugen neuer Informationen auch immer mit dem Vollzug und dem Ausdruck des Daimons einher. Das Wirken des Daimons offenbart sich in den Wirklichkeiten, die wir neu formen und erleben. Der Daimon stellt die Intensität, Inspiration und Kreativität zur Verfügung, um diese neuen Wirklichkeiten erschaffen zu können.

Jede neue Wirklichkeit bedeutet für die Psyche neue Information und somit etwas, was bislang nicht erwartet wurde. Mit jeder neuen Unternehmung, mit jedem neuen Abenteuer lernen wir uns, unsere Mitmenschen und unsere Welt besser kennen. Wir erhalten neue Perspektiven und Einsichten in unsere Welt. Durch diesen Neuigkeitsgehalt von Wirklichkeiten wird dann ein kaskadenartiges Auftreten von neuen Möglichkeiten offenbart, die eine weitere Ausdifferenzierung und wiederum neue Information ermöglichen.

Nehmen wir das Beispiel des Fallschirmspringens. Jeder kann sich vorstellen, was in etwa passiert, wenn man aus dem Flugzeug springt. Doch all das verändert sich, wenn man sich überwindet, sich entscheidet, es tatsächlich einmal wagt, diese Wirklichkeit (des Fallschirmspringens) auszudifferenzieren, und tatsächlich springt. Die Informationen über die emotionellen, körperlichen und kognitiven Reaktionen, die man während des erstmaligen Fallens tatsächlich erzeugt, sind unvorhersehbar … gerade das macht ja oft seinen Reiz aus.

2. Konzentration

Die Schamanen geben Proben einer übernormalen Nervenkonstitution. Sie vermögen sich mit einer Intensität zu konzentrieren, welche dem profanen Menschen unerreichbar bleibt; sie trotzen erschöpfenden Anstrengungen; sie beobachten ihre Bewegungen in der Ekstase. [Mircea Eliade; Schamanismus und archaische Ekstasetechnik*]*

Um die Natur des Willens zu begreifen, erweist es sich stets als nützlich, zunächst einen Blick auf ein anderes kognitives Phänomen zu werfen, bei dem man bei genauerer Betrachtung feststellen wird, dass eine Ähnlichkeit mit dem Phänomen Wille vorliegt. Ich spreche von Konzentration. Doch vorerst gilt auch hier, zunächst unsere Alltagsverwendung des Begriffs auszugrenzen. Wir alle haben eine vage Vorstellung davon, was Konzentration ist. Doch bevor wir uns um eine Definition bemühen, probieren Sie doch einfach folgendes Experiment aus:

Versuchen Sie einmal eine Stunde lang eine einzige Vorstellung zu formen ... z.B. ein blaues Kreuz. Erzeugen Sie während dieser 60 Minuten nur diese eine Vorstellung, ohne an irgendetwas anderes zu denken.

Wie Sie bald merken werden, ist das ein ziemlich hinterhältiges Experiment. Je länger Sie diese Vorstellung formen, desto mehr treten auch andere Dinge auf: Bilder, andere Gedanken, Erinnerungen usw. Es ist nicht so schwer zu bemerken, dass man nicht die Fähigkeit hat, kontinuierlich das zu denken, was man denken will. Normalerweise merken wir nicht, dass in unserem Kopf diese Unordnung (‚psychische Entropie', nennt es Csíkszentmihályi) herrscht, weil wir unsere Aufmerksamkeit auf externe Dinge richten. Viele Menschen haben sich angewöhnt, den Fernseher oder das Radio einzuschalten, sobald es ein wenig ruhiger um sie herum wird. Insofern wissen wir jetzt, was Konzentration *nicht* ist: Unordnung im Geist, eine Unordnung, die in abschweifenden Gedanken besteht. Wie der Religionsforscher Mircea Eliade bemerkt:

> Die unmittelbare Wirkung der Konzentration auf einen einzigen Punkt ist die rasche und klare Zensur aller Zerstreuungen und innernen Automatismen, welche das profane Bewusstsein beherrschen, ja eigentlich a u s m a c h e n. Seinen Assoziatio-

nen überlassen verbringt der Mensch seinen Tag, indem er sich von einer Unmenge disparater Momente überschwemmen lässt, die gleichsam außerhalb seiner selbst liegen. [...] Unter dem Anschein des ‚Denkens' verbirgt sich in Wirklichkeit ein unbestimmtes, ordnungsloses Flimmern, das sich aus den Empfindungen, den Worten und dem Gedächtnis speist. [35]

Wir verstehen dementsprechend Konzentration ganz allgemein als eine kognitive Fähigkeit, die darin besteht, über einen bestimmten Zeitraum ausschließlich eine einzige Vorstellung formen oder nur einen einzigen Gedanken (wie etwa ein Mantra) denken zu können. In diesem Sinne führt das einpunktige Denken/Vorstellen zur Ordnung und zur Ruhe des Geistes, da alle störenden Gedanken verschwunden sind. Konzentration, als Ordnung des Geistes, führt aber auch dazu, zielorientiert bestimmte Wirklichkeiten konstant zu erzeugen ... beispielsweise die Vorstellung eines blauen Kreuzes. Insofern stellt sich Konzentration als ein bedeutsames Mittel heraus, um zu lernen, seine eigenen psychischen Wirklichkeiten zu navigieren.

Wir alle kennen Formen oder Vorformen der Konzentration, Momente oder Zustände, bei denen wir kurzfristig unsere Aufmerksamkeit auf etwas lenken. Diese Art von Aufmerksamkeit möchte ich nun *egoische* Konzentration oder einfach *Aufmerksamkeit* nennen. Als *post-egoische* Konzentration möchte ich jedoch die Formen der Konzentration bezeichnen, die in Qualität und Quantität weit über das Gewöhnliche hinausgehen und letztendlich zu jenen nondualen Formen der Konzentration führen können, die im Raja-Yoga beispielsweise als *Dhyana* oder *Samadhi* bezeichnet werden. Diese Formen der Konzentration kommen nur dann zustande, wenn herkömmliche Konzeptionen des Egos dekonstruiert und transzendiert werden. So können wir – äquivalent zum Willen – drei post-egoische Stufen der Konzentration postulieren: Die Flow-Konzentration, die mühelose Konzentration und die einfache (nonduale) Konzentration. Eine Beschreibung der einzelnen Stufen folgt weiter unten.

Interessanterweise wurde und wird Konzentration stets als ein effektives Mittel der Selbstveränderung angesehen. Im Raja-Yoga im Allgemeinen und bei Patanjali im Besonderen ist die Konzentration das

---

35. Eliade, Mircea, *Yoga*, S. 55, Frankfurt a. M., 2004.

wesentliche Mittel bei der psychischen Selbstveränderung und zur Erlangung von *Samadhi*. Auch Roger Walsh, Professor für Psychiatrie, Philosophie und Anthropologie bewertet in seinem Buch *Die Erfahrung gelebter Spiritualität* die Konzentration als einen der wesentlichen Punkte einer jeden Weltreligion und jeden authentischen, spirituellen Strebens. Wie Walsh feststellt:

> Während die Leistung der Konzentration zunimmt, wird auch die Fähigkeit zur Fürsorge und Aufmerksamkeit zunehmend beständig und fortdauernder. Schließlich kulminiert es in kontinuierlicher und ungebrochener Ausübung, in der jeder Moment und jede Tätigkeit zu einem Mittel für das Erwachen wird.[36]

Die Ausbildung der Konzentration wird dabei so gut wie gar nicht sozial konditioniert, obwohl die positiven Resultate einer post-egoischen Konzentration sofort jedem ins Auge springen, der diese einmal geübt hat: Effektivität des Handelns, Klarheit des Denkens und die Schärfe des Auffassungsvermögens und Erlebens steigern sich unmittelbar, sodass viele Probleme und Aufgabenstellungen des Alltags plötzlich lapidar und einfach erscheinen.

Stufen der Konzentration

Als spirituelle Praxis, im Raja-Yoga oder auch im (Zen-)Buddhismus wird die Meditation häufig genutzt, um Konzentration zu erreichen. Gibt man sich dieser Praxis ein wenig hin, zeigt sich schnell, dass es unterschiedliche Vorformen und Stufen von Konzentration gibt. Es lassen sich beispielsweise relativ zügig Vorformen der Konzentration erleben, die darin bestehen, dass man internal seine Aufmerksamkeit zwar auf eine Vorstellung oder ein Mantra richten kann, dennoch aber gedankliche Störungen hat, die nicht zu der Vorstellung oder dem Gedanken gehören. Man richtet seine Aufmerksamkeit beispielsweise auf jenes blaue Kreuz und erinnert sich trotzdem an ein beliebiges Ereignis aus seiner Kindheit, ohne dass die Vorstellung des Kreuzes vollkommen aus dem Fokus der Aufmerksamkeit gleitet. Solche Art von gesteigerter Aufmerksamkeit wird häufig als anstrengend empfunden, bildet jedoch die Grundlage für die ersten Stufen post-egoischer Kon-

---

36. Walsh, Roger, *Die Erfahrung gelebter Spiritualität*, S. 196, Stuttgart, 2008.

zentration. Allgemein ist Konzentration eine emergente Form einer solchen Aufmerksamkeit. Und wie auch bei Wille kann die Konzentration mehrere Stufen durchlaufen, die sich im Wesentlichen durch nichts anderes als die Dauer der Störungsfreiheit kennzeichnen. Ich möchte hier ganz kurz drei Stufen der Konzentration skizzieren, die jeder, der meditiert, durchlaufen kann.

Die erste Stufe der Konzentration liegt in der Fähigkeit, nicht nur über eine Stunde aufmerksam auf die Vorstellung oder den Gedanken seiner Wahl zu sein – das heißt, über eine Stunde die Vorstellung/den Gedanken nicht aus seinem Fokus zu verlieren (während jedoch auch andere Vorstellungen oder Gedanken die primäre Vorstellung trüben und im Hintergrund ablaufen können), – sondern während dieser Zeitspanne wenigstens eine Minute ohne Störungen meditieren zu können: Man erfährt mindestens einmal Flow in Bezug auf die primäre Vorstellung, bei der die alltägliche Differenz von Subjekt und Objekt, von Ich und Welt, aufgehoben wird. Die zweite Stufe der Konzentration liegt in der Fähigkeit, wenigstens eine Stunde bei einem internen Objekt ohne Unterbrechung zu bleiben, wobei wenigstens zehn Minuten störungsfrei sind: Die Konzentration geschieht hier mühelos, Selbst-bezügliche Gedanken und Vorstellungen werden während dieser zehn Minuten nicht mehr geformt. Und die dritte Stufe der Konzentration liegt schließlich in der Fähigkeit, wenigstens eine Stunde störungsfrei zu sein und resultiert in der Emergenz des nondualen Bewusstseins des Samadhi.

Flow der Psyche

Ich beschreibe also die erste Stufe der Konzentration als die kognitive Fähigkeit, nur einen Gedanken oder eine Vorstellung zu denken und dabei Flow zu erzeugen. Konzentration ist also im Sprachgebrauch von Csíkszentmihályi autotelisch: Man konzentriert sich nicht, um irgendetwas anderes zu erreichen, sondern um sich zu konzentrieren. Und man vollzieht nur diese eine Tätigkeit, alle umherschweifenden Gedanken, Vorstellungen und Gefühle sind punktuell ausgerichtet auf das Objekt der Konzentration. Konzentration ist damit, wir hatten es schon erwähnt, eine Fähigkeit, die sich mit dem persönlichen *Daimonium* einstellt. Ein Daimon drückt sich immer in Flow, Begeisterung und Konzentration aus. Anders herum: Konzentration in einem Bereich zu schulen, ohne einem entsprechenden Daimon zu folgen, ist sehr schwierig, wenn nicht unmöglich.

Konzentration – auf diese Weise in der Meditation geschult – hat nun bemerkenswerte Effekte im Alltag. Wer sich konzentrieren kann, bemerkt, dass auch das Alltags-Verhalten an Einpunktigkeit und Konzentration zunimmt. Man kann eine Sache tun, ohne dabei an etwas anderes zu denken und kommt dabei ganz leicht in einen Flow-Zustand. Die Disziplinierung der Psyche in der Meditation hat zur Folge, dass die Psyche auch im Alltag geradliniger operiert, und dass die Dinge, mit denen man sich beschäftigt, nicht nur effektiver ausgeführt werden, sondern auch mit mehr Zufriedenheit und Glücksgefühlen. Flowzustände kennzeichnen sich emotional immer durch Glücksgefühle und Konzentrationsübungen sind im Wesentlichen nichts anderes, als diese Flowzustände zu kultivieren.

Häufig kommt es vor, dass man durch Meditation die Einsicht generiert, dass das eigene Verhalten im Alltag viel zu diffus ist. Im Geiste herrscht Unordnung, man kann, während man eine Sache tut, nebenbei an drei weitere Dinge geistige Energie ver(sch)wenden. Man arbeitet im Garten und denkt an das TV-Abendprogramm. Man studiert und lässt sich gleichermaßen von Musik berieseln. All das sind ‚Störungen' in dem Sinne, dass die geistige Energie in andere Dinge fließt als in die Tätigkeit selbst. Mit Konzentration richtet sich der Alltag neu aus. Man gewinnt die Fähigkeit, auch hier autotelisch zu handeln, Flow zu erzeugen, und in der Tätigkeit aufzugehen. Wer in der Meditation Flow bei der Erzeugung eines blauen Kreuzes erzeugen kann, der kann Flow bei jeder erdenklichen anderen Tätigkeit erzeugen.

Konzentration und Wille

Daher wollen wir Konzentration als Parallele und Basis zum Willen behandeln. Nicht umsonst schreibt Mircea Eliade: „Durch die Konzentration erlangt man einen wirklichen Willen."[37] Aus einer ganz einfachen Perspektive ist Wille 1 wie Konzentration nichts anderes als einpunktiges und von Störungen befreites Handeln. Beide Phänomene sind sich sehr ähnlich. Doch während Konzentration auf die Disziplinie-

37. A.a.O., S. 56

rung des Geistes abzielt, zielt Wille – und dies ist der wesentliche Unterschied – auf die Veränderung der Wirklichkeit.

Wer Wille ausübt, stört sich nicht durch Handlungen, die nicht Teil des Willens sind. Wille zeichnet sich durch autotelisches Handeln aus, also die Fähigkeit, etwas nur seiner selbst wegen zu machen, ohne die Aufmerksamkeit durch Zweck-Vorstellungen abzulenken. Bedeutsam ist dabei, dass Wille nicht gleich Flow ist. Wille 1 ist die Fähigkeit, konzentriert Flow auf ein Ziel hin zu erzeugen. Anders herum: Konzentration ist das den Willen kennzeichnende Charakteristikum.

Obwohl ein ‚Ziel' eine rationale Triebfeder oder Motiv des Willens sein kann, ist der reine, aktive Wille befreit von der Reflexion über Ziel und Zweck. Die Überlegung über Sinn und Zweck, die Überlegung über die Ziele, sollte der eigentlichen Handlung vorangestellt sein, doch nicht ausgeführt werden, während man handelt. Während der Handlung an Sinn und Zweck zu denken, ist nichts als eine Störung und unterbricht den Flow. Wille ist immer die Tat selbst, nicht das Zustandekommen der Tat.

Wie wir gesehen haben, drückt sich das persönliche Genie – der Daimon – immer im Flow aus, in leichter und freudiger Kreativität. Anders herum: Flow ist immer der handelnde Ausdruck des Daimons. Wir hatten auch die Parallele zwischen Flow und Konzentration einerseits sowie zwischen Konzentration und Wille andererseits beobachtet. Insofern wird Wille 1 als etwas verstanden, das auch immer Ausdruck eines Daimons und damit der Evolution selbst ist. Doch bevor wir diesen Aspekt von Wille inhaltlich begreifen können, wollen wir zunächst einmal die unterschiedlichen Elemente des Willens erzeugen. Es handelt sich dabei um Ziele, Verhalten und Intensität. Wie sich zeigen wird, kommt Flow als Ausdruck des Daimons genau dann zustande, wenn diese Elemente miteinander harmonisiert werden.

3. Ziele

Die Ungewissheit der Zukunft wird zur Gewissheit, dass man gegenwärtig etwas tun muss, um sie zu erreichen – aber dieser Schluss funktioniert nur dann, wenn man Asymmetrie unterstellt und die Möglichkeit ausblendet, dass man sich auch andere Ziele setzen könnte. [Niklas Luhmann, Soziale Systeme*]*

Das offensichtlichste Merkmal des Willens ist sein Entwurf für eine mögliche Zukunft. Man strebt mit dem Willen stets nach etwas Bestimmtem. Für diese formelle Konzeption benutzen wir gewöhnlich den Begriff des ‚Zieles', durch welches wir eine Sinn-Dimension zwischen jetzt und später herstellen können. Ziele stellen also das offensichtlichste Merkmal des Willens dar, und obwohl Ziele nicht hinreichend nötig sind, um Sinn zu erzeugen, sind sie nötig, um Wille zu formen.

Ziele

Über unsere Vernunft setzen wir unsere Ziele. Sinn und Zielformulierungen basieren immer auf rationalem Denken. Sinn und Ziele definieren zu können, setzt Sprache und sprachliche Beschreibungen voraus und ist damit die Domäne des psychischen Beobachters zweiten Grades. Man kann sich zwar auch nonverbal Ziele vorstellen (ohne internale Worte zu gebrauchen), allerdings werden Ziele und Zielvorstellungen kulturell immer via Sprache tradiert. Wir können die Ziele erreichen, von denen wir schon gehört haben. Die Selektion aus diesen möglichen Zielen obliegt uns.

Um uns eine Vorstellung von Zielen zu machen und um aus einer Auswahl möglicher Ziele die für uns optimalen zu selegieren, benötigen wir also eine Kultur. Häufig verändern wir auch die kulturell tradierten Ziele unseren eigenen Vorstellungen entsprechend, doch die Tatsache bleibt bestehen, dass wohl niemand Chirurgie studieren würde, wenn es den Beruf des Arztes nicht gäbe. Doch es gibt auch die Fälle, wo man sich Ziele setzt, für die es keine gesellschaftlichen Prototypen gibt, wie z.B. im Falle der Brüder Wright, die die Aeronautik revolutionierten. Doch auch in diesem Fall griffen sie auf tradierte Vorstellungen zurück, beispielsweise die Ideen und Konzepte von Leonardo da Vinci.

Wenn wir noch einmal auf die drei psychischen Beobachter zurückkommen, ist es interessant zu bemerken, dass es konzeptionell drei unterschiedliche Klassen von Zielen gibt, die man verfolgen kann. Es gibt Ziele, die die Veränderung von Informations-Räumen nach sich ziehen (Beobachter ersten Grades) oder neue Informations-Räume erschließen. Es gibt Ziele, die die Veränderung der Realität nach sich ziehen oder neue Realität erzeugen (die Domäne des Beobachters zweiten Grades). Und es gibt Ziele, die eine Veränderung der Inkarnation nach sich ziehen (Ziele des Beobachters dritten Grades, der das Moment der Evolution intuitiv versteht und anwendet). Doch auch bei diesen Zielen ist wichtig zu berücksichtigen, dass sie sozial tradiert wurden und deshalb den Beobachter zweiten Grades erfordern. (Es gibt keine ‚Wertigkeit' innerhalb der verschiedenen Beobachter oder Ziele. Es handelt sich lediglich um verschiedene Bereiche der Psyche.) Alle Ziele und Sinnkonzeptionen erfordern aber die Operationen des Beobachters zweiten Grades.

Sinn

Über Ziele formt man Sinn, also eine Einheit von Gegenwart, Vergangenheit und Zukunft. ‚Sinn' verweist, folgt man hier der Soziologie Niklas Luhmanns, immer auf diese Trichotomie von Gegenwart, Vergangenheit und Zukunft und auf ihre Beziehung zueinander und damit ihre Einheit. Über Ziele wirft man seine Vorstellungen in die Zukunft, und zwar immer in Relation zu dem, was man jetzt ist oder hat und dem, was man früher war oder hatte. Im Kontext von Wille sind Sinn und Ziele nicht zu trennen.

Die Formulierung von Sinn hängt dabei ebenso wie auch die Zielformulierung von dem ab, was gesellschaftlich an Sinnkonzepten angeboten und damit kommuniziert wird, und damit auch natürlich von dem persönlichen sozialen Umfeld, das bestimmte Sinnvorstellungen anderen gegenüber präferiert. Ohne Kommunikation kann kein Austausch und keine Tradierung von Sinn und Zielen stattfinden.

Folgt man Luhmann, so kann man nun nicht anders als sinnhaft handeln. Jeder Mensch organisiert seine Handlungen und seine Erfahrungen via Sinn. Wie, d.h. mit welchem Sinn der Mensch sein Verhalten strukturiert, ist dabei unwesentlich, denn die Frage, ob ein Verhalten sinnvoll ist doch eine ganz andere, weil ethische Frage. Daher ergibt systemisch betrachtet selbst ethisch oder moralisch ‚sinnloses' Verhalten auf höherer Ebene Sinn und wird in eine sinnhafte Struktur eingebettet.

Über Ziele und Zielvorgaben kann man lernen, die psychische Sinndimension zu manipulieren. Unterschiedliche Ziele weisen auf unterschiedliche Zukunftshorizonte und konstituieren einen unterschiedlichen Sinn. Wille selbst kann nur über Ziele und konkrete Zielvorstellungen initialisiert werden und ergibt nur mit dem Verweis auf etwas Zukünftiges Sinn. Mit anderen Worten: Ein Wille ohne Ziele ist absurd.

Um die Beziehung von Sinn und Zielen zu unterstreichen und ihre Funktion für die Weiterentwicklung und Evolution hervorzuheben, möchte ich abschließend Sri Aurobindo zitieren:

> Ein zielloses Leben ist stets ein elendes Leben.
> Jeder von euch sollte ein Ziel haben. Und vergesst nicht, dass die Qualität eures Lebens von der Qualität eures Zieles abhängt!
> Euer Ziel soll hochgesteckt und weit, gehaltvoll und uneigennützig sein. Das wird euer Leben für euch und für alle wertvoll machen.
> Doch was auch immer euer Ideal ist, es kann nicht vollkommen verwirklicht werden, ohne dass ihr in euch selber Vollkommenheit verwirklicht habt.
> Der erste Schritt, um an eurer Vervollkommnung zu arbeiten, besteht darin, euch eurer selbst, der verschiedenen Teile eurer selbst, der verschiedenen Teile eures Wesens und ihrer entsprechenden Aktivitäten bewusst zu werden. Ihr müsst lernen, diese verschiedenen Teile voneinander zu unterscheiden, so dass ihr klar den Ursprung dessen, was euch bewegt, die zahlreichen inneren Antriebe, Reaktionen und widerstreitenden Willensimpulse, die euch zum Handeln motivieren, herausfinden könnt. Das erfordert emsiges, beharrliches Studium, das viel Ausdauer und Offenheit verlangt. Denn die menschliche Natur ist spontan dazu geneigt, Erklärungen zu finden, die dem, was man denkt, fühlt sagt oder tut, gewogen sind. Nur wenn wir diese Bewegungen mit großer Sorgfalt beobachten, indem wir sie, so wie sie sind, vor das Tribunal unseres höchsten Ideals bringen, mit dem aufrichtigen Willen, uns dessen Urteil zu unterwerfen, können wir hoffen, in uns ein Unterscheidungsvermögen zu entwickeln, das nicht irrt. Denn wenn wir wirklich voranschreiten und die Fähigkeit entwickeln wollen,

die Wahrheit unseres Wesens zu erkennen, d.h. dasjenige, um dessentwillen wir in Wahrheit geschaffen wurden, das, was wir unseren Sinn auf Erden nennen können, dann müssen wir sehr sorgsam und beständig alles von uns weisen oder in uns ausmerzen, was der Wahrheit unseres Seins widerspricht, was sich im Gegensatz zu uns befindet. Dergestalt werden nach und nach alle Teile, alle Elemente unseres Wesens in ein homogenes Ganzes um unser psychisches Zentrum entwickelt. Diese Aufgabe der Vereinigung erfordert viel Zeit, bis ein gewisser Grad an Vollkommenheit erreicht wird. [38]

---

38. Sri Aurobindo, *Vorbote eines neuen Zeitalters,* S. 245, Grafing, 1991.

4. Verhalten

Kein Wille: keine Vorstellung, keine Welt. [Arthur Schopenhauer, Die Welt als Wille und Vorstellung*]*

Neben den Zielen ist Verhalten konstitutiv für den Willen und stellt damit das zweite Element des Willens dar. Verhalten ist das Medium, durch das wir unsere Ziele, Zukünfte und Wirklichkeiten umsetzen. Ganz offensichtlich ist ohne Verhalten kein Wille möglich und Wille ohne Verhalten sinnlos. Denn sofern wir im Kontext von Wille über das Element der Ziele auf einen Zukunftshorizont zeigen, macht dieser nur dann Sinn, wenn er auch erreicht wird. Das geschieht jedoch nur, wenn das Individuum sein Verhalten den Zielen entsprechend verändert und anpasst.

Wir verstehen Verhalten im Luhmann´schen Sinne als Oberbegriff von Handeln und Erleben. Ziele können nur über Handlungen und durch Erleben, also die Beobachtung und das Erfahren einer Umwelt, erreicht werden. Anders herum: Nur dadurch, dass wir Ereignisse in der Umwelt erleben, können wir unsere Handlungen unseren Ziele anpassen. Was meinen wir aber genau mit den Begriffen Handeln und Erleben?

Handeln

In einem poetischen Sinne: Handeln ist die Tatenkraft unserer Arme. Und in einem konkreteren Sinne: Wenn wir unsere psychischen Wirklichkeiten verändern, dann handeln wir. Wir handeln, wenn wir intentionell Denken/Vorstellen, Sprechen oder unseren Körper bewegen: Dies sind die drei Formen oder Ebenen des Handelns. Das heißt, wir nutzen den Begriff der Handlung, wenn wir nicht reflexartig (wie bei dem Patellasehnenreflex), sondern absichtlich und intentionell eine dieser drei Formen von Handlung ausführen. Das heißt, dass Handeln sich zunächst durch zwei Aspekte auszeichnet: zum einen durch den Aspekt der Veränderung der psychischen Wirklichkeit über Denken, Sprechen und Bewegen, zum anderen durch den Aspekt der bewussten Intention (im Gegensatz zum Reflex).

Im Kontext von Wille können wir unsere Handlungen ausrichten und verändern, um zu einem Ziel zu kommen. ‚Handlung' ist so nicht nur das Moment der geistigen, sprachlichen und körperlichen Veränderung, sondern schließt auch ein organisatorisches Element der Überlegung und Intention mit ein, so rudimentär dieses auch sein mag. Über das Reflektieren möglicher Ziele selegieren wir andererseits bestimmte Handlungen und ziehen sie anderen vor, weil sie unseres Erachtens zielführender sein sollen als andere. Ohne diese Handlungen können keine Ziele erreicht werden.

Des Weiteren ist hervorzuheben, dass wir durch die Wahl bestimmter Handlungen einen Gesamtzusammenhang von Handlungen herstellen. Eine Handlung kann nur in Bezug auf eine andere Handlung Sinn ergeben und wird nur über Folgehandlungen weitergeführt. Nach Luhmann kann man *in diesem Sinne* genau dann von Handlungen sprechen, wenn „die Sinnselektion dem System zugerechnet wird"[39], wobei das System in diesem Fall die Psyche ist. Das heißt, immer dann, wenn die Psyche einen Sinn selbst setzt bzw. die Selektion von Sinn auf sich selbst zurechnet, wollen wir von Handlung sprechen.

Wichtig ist dabei, dass die Sinnselektion und der Sinnzusammenhang gerade in Bezug auf das Ausführen von Wille immer aktual vorgenommen und erzeugt wird. Sinn ist immer flexibel und aktual veränderbar. Stets kann man die eigenen Handlungen im Kontext des Ziels neuen Situationen oder Anforderungen anpassen und damit die Richtung des Sinns verändern. Daher ist Handeln immer intentionell: Es ist die bewusste Gestaltung des Sinns.

Erleben

Entgegengesetzt zum Handeln gibt es auch einen Bereich, bei dem die Sinnselektion, die man vornimmt, nicht dem System selbst, sondern „der Umwelt zugerechnet werden kann"[40], und diesen Bereich wollen wir mit Luhmann Erleben nennen. Auch hier können wir im Rahmen der drei Wirklichkeitsebenen sagen: Wir können die Handlungen von anderen Menschen oder Tieren oder die Natur erleben (Informations-Räume). Wir können den Sinn, den andere Menschen kommunikativ

39. Luhmann, Niklas, *Soziale Systeme*, S. 124, Frankfurt am Main, 1984.
40. A.a.O.

erzeugen, erleben (Realität). Oder wir können zum Beispiel in der Meditation Archetypen der eigenen Psyche erleben (Inkarnation).

Wichtig bei dieser systemischen Konzeption von Verhalten ist, dass die ihr zugrunde liegende Differenz von Handeln und Erleben auf einer internen, psychischen Leistung beruht. Das System – die Psyche – entscheidet selbst, ob sie aktual eher handelt oder erlebt.

Niklas Luhmann nennt diese systemspezifische Eigenschaft, die Unterscheidungen von Handeln und Erleben anschlussfähig zu machen, die *basale Selbstreferenz* eines Systems. Der Psyche ist es unmöglich, anders als mit und durch ihre eigenen Unterscheidungen zu operieren. Wird dem Individuum dieser systemische Zusammenhang und dieser Prozess bewusst und lernt es, sein eigenes Handeln und Erleben zu navigieren, so ist der Beobachter dritten Grades emergiert. Mit ihm kommt dann nicht nur die Fähigkeit zu entscheiden, ob gehandelt oder erlebt werden soll, sondern auch auf welche Art und Weise gehandelt oder erlebt werden soll. Denn der Beobachter dritten Grades kann die psychischen Kontexte seines Handelns sowie seines Erlebens selbst bestimmen. Er kann seine Handlungen entsprechend seiner Ziele verändern, und er kann sein Erleben davon, wie jemand anderes Sinn erzeugt, selbst bestimmen.

Anwendungen

Was und vor allem wie etwas erlebt wird, ist kontingent. Praktisch heißt das, dass wir lernen können zu entscheiden, wie wir etwas erleben möchten. Damit können wir unsere Interpretationsmechanismen verändern. Ein gutes Beispiel dafür liegt in der Differenz von Problem und Möglichkeit. Nicht selten erleben Menschen gewisse Umweltereignisse als negative *Probleme* (oder Schicksalsschläge); eine Interpretation, die sie in der Zielerreichung behindert, die sie aus ihrem Flow herausholt. Dadurch, dass sie diese Ereignisse negativ konnotieren, erschweren sie sich die Zielerreichung. Nicht selten scheitern Menschen an Problemen und stellen das ganze Ziel infrage. In gewisser Hinsicht kennt das wohl jeder. Aber man muss nicht aufgrund von auftauchenden Problemen das Ziel infrage stellen. Man kann solche Umweltereignisse auch als Möglichkeit identifizieren und als das direkte Resultat und die Konsequenz seiner Bemühungen, das Ziel zu erreichen.[41] Denn die Probleme tauchen ja erst auf, nachdem man begonnen hat, ein Ziel anzustreben.

Eine weitere und noch konkretere Anwendung selbstbestimmten Verhaltens liegt darin, dass wir prinzipiell immer frei entscheiden können, wie wir das Verhalten anderer erleben wollen. Es besteht immer die freie Wahl, beispielsweise einen Wutausbruch des Gegenübers wahlweise als Angriff (der uns gilt) oder als Selbstausdruck (der nichts mit uns zu tun hat) zu erleben. Nichts zwingt uns, immer auf eine bestimmte Art und Weise auf das Verhalten anderer zu reagieren. Die Freiräume, die sich dadurch ergeben, sind für den Vollzug des Willens von großer Bedeutung. Denn mit der Freiheit der Wahl, wie wir etwas erleben wollen, verändern wir auch den Spielraum dessen, wie wir handeln können. Und plötzlich haben wir statt nur einer Möglichkeit zu reagieren eine Vielzahl von Möglichkeiten.

Verhalten und Wille

Verhalten ist immer Element von Wille. Ohne Verhalten können keine Wirklichkeiten via Handeln erzeugt werden oder via Erleben erfahren werden. Nur dadurch, dass wir erleben können, können wir die Resultate unseres Handelns erleben. Nur dadurch, dass wir handeln können, können wir auch erleben. Nur über die Dichotomie von Handeln und Erleben können wir wollen und unseren Willen schulen.

Ein Wille ohne Handlungen ist absurd. Wille wird durch Verhalten umgesetzt. Das heißt, Wille kennzeichnet sich per definitionem durch Sinnselektion, die auf sich selbst (Handeln) oder auf andere (Erleben) zugerechnet wird. Jede Willensfassung, die nicht den Schwerpunkt auf die faktische Umsetzung der Sinnselektionen im Verhalten legt, ist daher unzureichend. Anders herum darf man aber schließen: Man erkennt den Willen einer Person daran, was sie und wie sie etwas tut. Das Gleiche gilt dafür, was und wie eine Person etwas erlebt.

---

41. Karl Popper hat ein wunderbares Buch zu diesem Thema verfasst: *Alles Leben ist Problemlösen*, München, 1996

5. Intensität

DAS GRUNDSÄTZLICHE AUSWEICHEN VOR DEM WESENTLICHEN ist DAS Problem des Menschen. [Wilhelm Reich, Christusmord*]*

Intensität ist immer Form der kinästhetisch erfahrbaren Bio-Energetik, die sich in Handlungen und Erleben (als Aspekte von Verhalten) ausdrückt. Im Kontext von Wille wird diese Intensität auch manchmal Stärke oder Kraft genannt, manchmal auch Lust. Intensität im Allgemeinen ist immer nicht-rational, ist immer körperlich-energetisch. Es soll in diesem Rahmen unerheblich sein zu fragen – wie es z.B. David Hume oder Wilhelm Reich getan hat –, woher diese Kraft und Intensität stammt. Für Wille ist nur wesentlich, dass diese Energie oder diese Intensität existiert und wie wir sie steigern können. Denn Wille ohne Intensität ist ebenso farb- wie wirkungslos.

Über die Intensität in ihren unterschiedlichen Formen haben wir die Möglichkeit, Widerstände – die stets in dem Streben, etwas Neues zu realisieren, auftreten – zu überwinden. Über Intensität verändern wir psychische Wirklichkeiten. Über die Intensität verändern wir uns selbst und überwinden das Moment des Widerstands und der Trägheit neuen Verhaltensweisen gegenüber, das durch die stete Wiederholung von Verhalten (also Konditionierung und Gewohnheit) entsteht. Vor allem aber führt die Intensität zur Effizienz des Verhaltens: Je mehr Intensität, desto mehr kann man in einem bestimmten Zeitraum erreichen oder etwas in entsprechend kürzerer Zeit umsetzen. Je weniger Intensität, desto länger braucht man für Zielverwirklichungen oder Veränderungen der Wirklichkeit.

Intensität in Handeln und Erleben

Jeder wird nachvollziehen können, dass Intensität z.B. im *Flow* des Handelns ihren Ausdruck findet. *Flow* ist eine Form der Intensität. Doch darüber hinaus gibt es auch einen Zusammenhang, der weniger offensichtlich ist. Erfahrung zeigt, dass es eine direkte proportionale Beziehung zwischen der Konzentration und der Intensität gibt, die ein Individuum formen kann. Je konzentrierter man zu Werke geht, desto höher die Intensität des Verhaltens. Je niedriger oder diffuser die Konzentration, desto niedriger auch die Intensität. Man kann nicht, und auch das zeigt die Erfahrung, konzentriert sein und dabei keine Intensität formen.

In Bezug auf Wille gilt: Als konzentriertes Handeln wird Wille immer von Intensität begleitet. Nur durch diese Intensität können Konditionierungen und Gewohnheiten des Verhaltens verändert werden. Andererseits gibt es Methoden, welche die Intensität des Verhaltens direkt steigern und damit eine Konzentration desselben erzeugen. Hier sei zum Beispiel *Pranayama* genannt, jene Atemübungen, die – neben vielen gesundheitsfördernden Aspekten – vor allem eine Intensitätsübung sind. Jede Art von Intensitätssteigerung führt wieder zu Konzentration – und damit zur Eliminierung von gedanklichen Störungen. Dies stellt sich deshalb so dar, weil jede Steigerung von Intensität zur Notwendigkeit führt, diese neue Intensität auch integrieren und kanalisieren zu können.

Aber Intensität muss sich nicht nur primär in *Flow* und körperlicher Aktivität oder Handlungen ausdrücken. Intensität kann sich auch in einem rein inneren Erleben offenbaren (das sich erst sekundär in äußerlich beobachtbaren Verhalten zeigt), und häufig wird diese intern erlebte Intensität *Ekstase* genannt. Solch eine Ekstase oder innere Intensität kann nicht nur bei der Meditation erzeugt werden, sondern auch beim Sport, bei der Arbeit, bei der Sexualität oder sogar bei sozialen Transaktionen. Und wie auch bei der Konzentration kann man in bezug auf die Ekstase eine Stufen- oder Entwicklungsfolge postulieren, die nicht nur den Zuwachs der intern erlebten Intensität kennzeichnet, sondern auch die Fähigkeit des Individuums, selbstreferentiell hohe Stufen der Intensität erzeugen zu können, also unabhängig von den äußeren Umständen. Das heißt, je konzentrierter man zu Werke geht, umso höher ist auch die Fähigkeit, selbstreferentiell hohe Ekstasen zu erzeugen. Wir wollen uns hier nicht mit den einzelnen Stufen von Ekstase beschäftigen und dies Unterfangen auf eine spätere Gelegenheit verschieben. Es soll aber beispielhaft erwähnt werden, dass viele Menschen interne Regeln dafür besitzen, wann und in welchen Umständen sie hohe Intensitäten bei der Sexualität erzeugen können. Das heißt, sie machen die Möglichkeit ihrer Ekstase abhängig von bestimmten äußeren Umständen und von ihrer unmittelbaren Lebenswelt (ihrem möglichen ‚Streß' bei der Arbeit, ihrer inneren Gemütsverfassung, etc.) Mit anderen Worten: Viele Menschen verfügen nicht über die Mittel, unabhängig von diesen äußeren Umständen und ihrer unmittelbaren Lebenswelt jederzeit den Rausch ihrer Ekstase formen zu können. Konzentration ist dann aber der Weg, um diese Intensitätsverarbeitungsfähigeit zu steigern, denn Konzentration steigert die Fähigkeit, seine, wie Eliade schreibt „psychosomatische Aktivität frei zu beherrschen".[42]

Intensität und ihre Parallele zu Passion und Libido

Es gibt zudem eine interessante Parallele zu Intensität, nämlich die Passion. Als Begriff verweist Passion, neben ihrer offensichtlich christlichen Bedeutung, etymologisch betrachtet seit dem frühen 15. Jahrhundert nicht nur auf starke Emotionen, Begierden und Enthusiasmus, sondern auch auf Lust und sexuelle Liebe. In diesem Kontext – nicht in der christlichen Fassung des Leidens – wollen wir den Begriff der Passion verwenden. Die Basis aller Passion findet man in der Sexualenergie, und dieser Zusammenhang ist so offensichtlich, dass man ihm kaum eine tiefergehende Betrachtung schenken braucht. Hier soll nur erwähnt werden, dass Tantra im indischen Kulturraum schon lange als Methode praktiziert wird, um die Kanalisierung (Konzentration) von Körperenergien und deren Steigerung (Intensivierung) zu erlernen.

Dr. Eric Berne beschreibt in diesem Kontext in seiner Skripttheorie die ‚Gewinner' – also jene Menschen, die stets das tun und erreichen, von dem sie behaupten, dass sie es erreichen – als ‚Bettmenschen'. Und der Zusammenhang des Testosterons mit dem Sex-Drive auf der einen Seite und ‚Gewinnen' (hier als Synonym für Zielerreichen im Allgemeinen benutzt) auf der anderen Seite ist der Wissenschaft längst nicht mehr unbekannt. Eine Studie an männlichen Tennisspielern offenbarte, dass man eine Stunde nach einem Match eine größere Menge Testosteron unter den Gewinnern als unter den Verlierern nachweisen konnte. Wie der Psychologe Frank Sal weiter feststellte, wiesen die Gewinner unter den Ringern aus Harvard ebenfalls mehr Testosteron auf als die Verlierer. Auf einer intellektuelleren Ebene zeigte sich, dass Medizinstudenten einen Tag nach der Promotion höhere Testosteron-Werte hatten als sonst. In gewisser Hinsicht kann man daraus schließen, dass Wille immer von der Sexualität und sexueller Energie gespeist wird. Daher liegt es auch nahe, via Tantra seine Sexualität zu entfalten, wenn man seinen Willen fördern will.

---

42. Eliade, Mircea, *Yoga*, S. 56, Frankfurt a. M., 2004.

Ich möchte zu diesem Zeitpunkt zusammenfassen, dass Wille 1 nichts anderes ist als das bewusste und zielorientierte Anwenden von Flow und die Umsetzung eines Daimons. Ein Daimon offenbart sich dem Individuum durch starke Lust, durch Enthusiasmus und Konzentration einer Sache gegenüber. Wille 1 wird genau dort angewendet und praktiziert, wo der Daimon in das eigene Leben getreten ist. Das Individuum, das diesen Willen praktiziert, hat gelernt, seinen Daimon in ein paar Bereichen seines Lebens auszudrücken, während andere Bereiche davon noch völlig unberührt bleiben. Das Resultat des Willens liegt dabei immer in denen von ihm erzeugten Informationen. Und diese Informationen zeigen immer darauf, wie man Flow vertiefen und auf andere Bereiche des Lebens ausweiten kann. Wir kommen darauf zurück.

6. Informations-Räume

Die Wirklichkeit, von der wir sprechen können, ist nie die Wirklichkeit an sich, sondern [...] eine von uns gestaltete Wirklichkeit. [Werner Heisenberg, Physik und Philosophie*]*

Wir kennen nun die Elemente von Wille 1. Wille 1 ist die Einheit von Ziel, Flow und Verhalten. Bevor wir uns aber den beiden emergenten Formen des Willens zuwenden (Wille 2 und Wille 3), wollen wir uns ein paar besondere Konsequenzen dieser Konzeption von Wille anschauen, denn die Anwendung von Wille 1 führt zu zwei ganz außergewöhnlichen Resultaten. Zum einen beginnen wir mit Willen unsere Wirklichkeit – genauer: die psychische Wirklichkeit der Informations-Räume – zu erzeugen und zu navigieren. Zum anderen beginnen wir, die Wirklichkeit des zweiten post-egoischen Selbst – des wahren Selbst – zu erzeugen und zu navigieren. Wie sich nun zeigt hängen diese beiden Funktionen – die Erzeugung der Wirklichkeit im Allgemeinen und die des Selbst im Besonderen – jedoch aufs Innigste zusammen. Denn jede Wirklichkeit, die neu geformt wird, steigert rekursiv das Verhaltensspektrum und die Komplexität des Gesamtselbst. Jede neue Wirklichkeit führt die Möglichkeit mit sich, neue Verhaltensweisen zu formen und kaskadenartig zu neuen Selektionen und Wirklichkeiten zu kommen. Und mit jeder weiteren Selektion von Wirklichkeiten und Verhalten wird das Selbst komplexer – umfangreicher, variabler, flexibler – und macht die Emergenz der zweiten post-egoischen Entwicklungsstufe des Selbst immer wahrscheinlicher.

Zum einen beginnen wir also durch Wille 1 bewusst unsere psychischen Wirklichkeiten zu gestalten, nämlich die Informations-Räume. Informations-Räume sind die unmittelbarsten psychischen Wirklichkeiten, das ‚Hier und Jetzt', das wir erleben und in dem wir handeln können. Diese Wirklichkeiten erzeugen wir durch *Selektionen von Beobachtungen und Verhalten*. Und Selektion heißt in diesem Fall stets: Welchen Sinn wähle ich jetzt, welches Ziel realisiere ich, welche Entscheidung treffe ich jetzt? All dies ist prinzipiell kontingent. Doch mit jeder Entscheidung, die wir treffen, selegieren wir neuen Sinn. Wir können uns prinzipiell auch immer anders entscheiden und damit vollkommen andere Informationen und Informations-Räume erzeugen. Diese zeichnen sich – aus psychologischer Sicht – immer dadurch aus, dass man sich mit seinen Entscheidungen auch immer für andere

Anschlussoperationen und andere Beobachtungen und neue Informationen entschließen kann.

Selektion von Beobachtung heißt, sich der Kontingenz der Beobachtung bewusst zu werden und schließlich das zu beobachten, was man beobachten will. Man kann einen Baum beispielsweise auf unendlich viele Arten beobachten. Wenn man seine Position auch nur geringfügig in der Höhe oder längs des Baumes ändert, beobachtet man neue Elemente und relationiert diese Elemente auf andere Weise. Das Blattwerk sieht anders aus, man sieht neue Kerbungen in der Rinde etc. All dies hängt von den Entscheidungen des Beobachters ab, wie er den Baum beobachten will. Diese Art von Perspektivismus wirft natürlich die Frage auf, nicht ob, sondern auf welche Weise es ‚den Baum in unserem Garten' überhaupt gibt, wenn das Einzige, was wir von ihm erhaschen können, eben Perspektiven sind? Wir wollen und können die Frage nach der ontologischen Wirklichkeit nicht eindeutig beantworten. Aber wir können eine Bewusstheit über diesen Perspektivismus generieren und in Verhalten überführen, also in ein Handeln und Erleben. Und wir müssen auch eine Ethik wählen, anhand derer wir unsere Entscheidungen selbst selegieren können.

Selektion von Verhalten heißt, jene Verhaltensweisen zu wählen, von denen man annimmt, dass sie zur Zielerreichung führen können. Auch dies setzt die Bewusstheit über die Kontingenz des eigenen Verhaltens voraus. Nur wenn man weiß, dass das eigene Verhalten auch anders möglich ist, kann man neues Verhalten erzeugen.

Das erzeugte wahre Selbst

Neben der Navigation der Informations-Räume lernt nun das Individuum, genau jene Wirklichkeiten zu erzeugen, die im Einklang mit seiner Evolution stehen, und das heißt jene, die die zweite post-egoische Entwicklungsstufe des Selbst erzeugen. Jede post-egoische Entwicklungsstufe ist eine evolutionäre Entwicklungsstufe, und jedes post-egoische Verhalten führt zur weiteren Entwicklung und Evolution des Selbst. Wille 1 steht also immer in engem Zusammenhang mit dem eigenen Daimon und deshalb auch mit Enthusiasmus, Flow, Passion, aber auch mit der Kraft, sich zu transzendieren im Rahmen der Evolution. Wille ist ohne den Daimon nicht denkbar. Und es ist die Navigation der Daimone, die das Individuum stetig weiter hin zur quasi evolutivspirituellen Erkenntnis seines wahren Selbst führt. *Das Einzige, was das Individuum tun muss, um sein wahres Selbst zu erkennen, ist, seinen schöpferischen Daimonen zu folgen und zu beobachten, was geschieht*. Das wahre Selbst ist stets das Ziel des wahren Willens.

Bei all dem tritt die besondere Dichotomie von Erzeugen und Erkennen in Erscheinung: Das wahre Selbst zu erkennen heißt auch immer, das Selbst zu erzeugen/formen. Das wahre Selbst ist immer ein Konstrukt. Es ist zunächst nur eine Vorstellung oder ein Modell, denn ohne sprachliches Modell kann man das Selbst nicht erfassen. Doch wir können es nur erfassen, indem wir uns neue Verhaltensbereiche erschließen, die die Komplexität des Systems steigern und die Emergenz dieser zweiten post-egoischen Stufe immer wahrscheinlicher machen. Durch die Zeitverzögerung zwischen (sprachlich-modellhafter) Konstruktion und dem Beobachten oder Erkennen des Selbst scheinen wir manchmal zu vergessen, dass wir selbst für unsere Beobachtungen durch die Wahl unserer Modelle verantwortlich sind. Tatsächlich aber kann man das Selbst nicht erkennen, ohne es vorher wie ein Bildhauer zu modellieren.

7. Liebe

Was aus Liebe getan wird, geschieht immer jenseits von Gut und Böse. [Friedrich Nietzsche, Jenseits von Gut und Böse*]*

An dieser Stelle möchte ich aus der ‚konstrukt-bewussten' oder auch selbstreferentiellen Perspektive etwas über das Phänomen Liebe schreiben. Nichts kann über den Willen gesagt werden, ohne nicht zumindest ein paar Kommentare über sein Pendant, nämlich die Liebe, zu schreiben. Auch die persönliche Liebesfähigkeit lässt sich – wie das Selbst und der Wille – entwickeln. Und ähnlich wie die Entwicklung des Selbst und des Willens durchläuft sie Stadien und Emergenzsprünge.

Systemleistungen

Liebe ist erst einmal eine Systemleistung der Psyche. Das heißt, Liebe kennt keine äußeren Bedingungen, weil dieses Äußere, konstruktivistisch betrachtet, schwer ergründbar ist. Für die Psyche gelten nur die Wirklichkeiten, die sie selbst erzeugt, d.h. Liebe kommt nur durch die Entscheidungen des Individuums zustande. Man empfindet nicht Liebe, weil ein Anderer dies entscheidet oder weil ein Anderer auf eine bestimmte Weise ist.

Weil es sich um eine psychische Systemleistung handelt, ist es prinzipiell auch erst einmal unwichtig, wen oder was man liebt. Was zählt, ist, dass man liebt. Hat man sich erst einmal entschieden zu lieben, so gibt es keinen Grund, nicht mehr zu lieben, ... außer, die Liebe *soll* enden. Liebe zeigt sich daher genau in der Überwindung der Schwierigkeit des Liebens und in der Fähigkeit, neue Schwierigkeiten zu erschaffen, an denen man wachsen kann. In diesem Sinne bedeutet Liebe auch Wachstum. Denn in dem Wissen, dass Liebe eine Systemleistung ist, zeigt – und beweist! – sich Liebe darin, zu lieben, gerade wenn der andere die eigenen Erwartungen enttäuscht. Die Liebe findet also ihren Beweis in ihrem selbstreferentiellen Ursprung. Es heißt: ‚Ich liebe dich nicht wegen dieser oder jener Eigenschaft', sondern: ‚Ich liebe dich, weil ich mich dazu entschieden habe, dich zu lieben'. Sobald Liebe endet, weil der andere plötzlich den eigenen Erwartungen widerspricht, war dort auch keine Liebe. Sie endet, wenn man den anderen mit seinen Erwartungen erstickt. Liebe zeigt sich nicht in Worten, sondern vor allem in der Fähigkeit zu lieben, in dem Akt der Transzendenz des eigenen Egos und der eigenen Erwartungen.

Liebe ist das natürliche und glückselige Gefühl, das auftritt, sobald man sich selbst transzendiert und zu einer Einheit mit dem wird, das man beobachtet. Insofern ist Liebe der Flow des Lebens, die Basis allen Flows. Liebe heißt, hin zum anderen zu streben und sich selbst am Gegenüber zu transzendieren. Liebe ist die Öffnung gegenüber der Welt und die Transzendenz der eigenen Strukturen. Wie auch Wille zeigt sich Liebe in der Überwindung von Widerständen. Liebe (und auch Wille) zeigt sich nicht in der Abwesenheit von Widerständen.

Da durch die Arbeit an der Liebe der Geist gereinigt und geklärt wird, war und ist die Kultivierung der Liebe in ihren Formen immer schon der wesentliche Bestandteil der Weisheitslehren. In diesen Lehren finden wir die Aufforderung zur Liebe als eine Liebe für das Individuum (also sich selbst gegenüber) und das Kollektiv. Wir hatten bislang nur die Liebe dem Liebespartner gegenüber erwähnt. Doch wie verhält es sich mit der Liebe für das menschliche Kollektiv, die Gesellschaft, und wie verhält es sich mit der Liebe zu sich selbst?

Karma- und Bhakti-Yoga

Die Schulung der Liebe fand schon immer Ausdruck in der spirituellen Übung, seine tägliche Arbeit als Ausdruck des selbstlosen Dienstes an anderen zu verstehen. Ein ganzer Zweig des Yoga, der Karma-Yoga, beschäftigt sich mit dieser Übung. Man arbeitet nicht zu seinem eigenen Zwecke, sondern für andere. Die Übung des selbstlosen Dienstes ist ein sehr einfaches und zugleich schönes Mittel, um Liebe zu üben. Die dahinter stehende Idee ist die, dass man lernen kann, den Impuls, etwas für andere – aus Liebe – zu tun, von jenem zu trennen, im Gegenzug dafür auch etwas erhalten zu wollen. Über Karma-Yoga, den selbstlosen Dienst an anderen und die selbstlose Arbeit, befreien wir uns von den Bestrebungen des Egos.

Die Liebe zu sich selbst scheint all dem gegenüberzustehen, doch sie darf nicht mit Narzissmus verwechselt werden. Unsere ganze Kultur kränkelt an Narzissmus – oder wie Ken Wilber sagt, an ‚Boomeritis' – also der neurotischen Störung, in der sich existentielle Ziellosigkeit mit Narzissmus paart. Selbstliebe heißt, all seine Impulse, all seine Wesensarten integrieren und kanalisieren zu können. Dies schließt auch jene Eigenschaften ein, von denen wir gelernt haben, sie seien Fehler oder Schwächen. Wir können uns weiterentwickeln und Schwächen und Fehler überwinden, wenn wir sie annehmen und integrieren können. Es gibt da die weit verbreitete Konzeption, dass Schwächen negativ aufzufassen seien. Tatsächlich sind sie eine Möglichkeit und ein Mittel der Weiterentwicklung.

Selbstliebe heißt dann, sich zu erlauben, Fehler zu machen und dadurch zu lernen. Selbstliebe heißt, von seinem Ego und seinen Verhaltensmustern und seinem Narzissmus loszulassen. Nur wer sich selbst diese Offenheit und Akzeptanz entgegenbringen kann, kann sie auch anderen entgegenbringen ... und das heißt, andere lieben. Selbstliebe bedeutet also, sich selbst gegenüber den Respekt, die Akzeptanz und die Offenheit aufzubringen, die man auch anderen gegenüber aufbringen sollte. Nur über diese Selbstliebe ist Wille 1 schließlich möglich. Denn wie soll man in Flow, zur Harmonie des Selbst, zum Einssein und damit zu seinem Daimon kommen, wenn man sich selbst und seine Wesensarten, Schwächen und Stärken nicht integrieren und in moralischem Verhalten kanalisieren kann? Andererseits wächst mit jedem Flow und jeder selbstlosen Tat auch die Liebe und damit auch das Vermögen, Wille anzuwenden.

Die Freiheit der Beziehung

Auch hier frage ich wiederum nicht, was eine Liebesbeziehung ‚wirklich ist', sondern was sie sein kann. Es gibt ausreichend sozialpsychologische Literatur, die unsere menschlichen Beziehungen in all ihren Facetten analysiert. Eine Liebesbeziehung aber, wie sie aufgrund unserer bisherigen Überlegungen sein kann, basiert nicht darauf, dass die Partner ihre gegenseitigen Erwartungen in Bezug auf Lebensskript- und Kommunikationsmuster erfüllen. Sie fundiert auf der Kommunikation der Andersartigkeit und der Freiheit eines jeden wie auch der Idee der Evolution. Eine solche Beziehung basiert auf der Kommunikation zweier Individuen, die um die konditionierende Macht der Sprache und der sozialen Rituale wissen, die sich der soziale Kontingenz – das heißt im Luhmann'schen Sinne der ‚doppelten Kontingenz' – bewusst geworden ist. Liebe heißt in einer solchen Beziehung dann, sich über die Kommunikation der Andersartigkeit und Freiheit des anderen zu transzendieren.

Eine solche durchaus bildende und spirituell ausgerichtete Beziehung fördert die Authentizität und Entwicklung der Individuen. Sie fördert die Freiheit der Partner und die Beziehung selbst. Wichtig ist dabei nicht, was man am anderen liebt, sondern dass man liebt, selbst wenn der andere Sachen tut, die man selbst nicht so machen würde.

Was man am Liebespartner beobachten kann, ist immer Teil unserer eigenen Wirklichkeit und basiert auf unseren Modellen über den Partner. Liebe zeigt sich dann – neben vielen anderen Dingen – darin, genau diese Modelle transzendieren zu können. Durch den Liebespartner erweitern wir die Modelle von ihm und von uns selbst (und *vice versa*: der Partner erweitert über unser Verhalten seine eigenen Modelle von Welt). Unsere Beobachtung vom Liebespartner spiegelt unsere eigenen Einstellungen und unsere Modelle. Liebe zeigt sich daher nicht nur darin, unsere (modellgesteuerte) Beobachtung des Partners nicht mit dem tatsächlichen Partner zu verwechseln, sondern auch darin, dem Partner ein Spiegel seines eigenen Anspruchs der Weiterentwicklung zu sein.

Entwicklung der Freiheit

Das bisher Gesagte bedeutet, dass alle Kommunikation zwischen Liebespartnern die Kontingenz der Andersartigkeit auffängt und dadurch Freiheitsgrade ermöglicht. Die Frage der Kommunikation – denn jede Beziehung konstituiert sich über verbale und nonverbale Kommunikation – richtet sich dann nach der Selektion dessen, zu welchem Zwecke über welche Themen und Modelle auf welche Weise kommuniziert werden soll. Das heißt, dass eine Liebesbeziehung auch immer der soziale Konsens über die Frage ist, welche Modelle und welche Wirklichkeiten zum Zwecke der Evolution gewählt werden.

Dabei ist ganz wichtig: Solche Liebespartner fördern sich immer gegenseitig in der Entwicklung ihrer Daimone, ob es sich dabei nun um Daimone ihrer Beziehung handelt – wie beispielsweise im Kontext ihrer Sexualität – oder um individuelle Daimone. Eine solche Beziehung basiert immer darauf, sich in sämtlichen Bereichen des Lebens miteinander weiterzuentwickeln. Wille 2 und die Transzendierung des Selbst – hin zu Wille 3 und dem Trans-Selbst – sind immer nur über eine Liebesbeziehung dieser Art möglich, da hier egozentrische Selbstbezüglichkeit und Egoismus transzendiert werden können. Es wird nur durch die

Kommunikation und den daimonischen Vollzug der Andersartigkeit und Freiheit offenbar, dass Selbstbeschreibungen kontingent sind.

8. Moral

Handle so, dass die Maxime deines Willens jederzeit zugleich als Prinzip einer allgemeinen Gesetzgebung gelten könne. [Immanuel Kant, Kritik der praktischen Vernunft*]*

‚Wie kann man Willen erlernen?', mag für viele an diesem Punkt eine bedeutende Frage sein. Doch ist sie in dieser Formulierung auch sinnvoll? Entspricht es nicht unserer Erfahrung, dass wir auch ohne Willensschulung wollen können, beispielsweise wenn wir eine Ausbildung beendet oder irgendein Ziel erreicht haben? Betrachten wir diese Frage genauer, müssen wir uns vergegenwärtigen, dass wir in diesem Buch den Willen zur Evolution immer als etwas anderes verstehen als den Willen, den wir aus unserem Alltag kennen. Dieser post-egoische Wille zur Evolution kann erlernt werden, der egoische Wille hingegen ist gegeben – bei manchen Individuen stärker, bei manchen schwächer ausgeprägt.

Dieser alltägliche Wille tritt immer in Erscheinung als psychologische Form von *élan vital,* jene Konzeption der Lebenskraft, die Henri Bergson als die Kraft beschrieben hat, die die biologische Evolution steuert und sich als Formbildungs- und Differenzierungskraft manifestiert. Ken Wilber nutzt für diese Kraft den von Plato ausgeliehenen Begriff *Eros.* Eros oder *élan vital* bewirken, dass aus Einzellern Mehrzeller wurden, sich die Arten entfalten, dass ein Körper nicht zu lernen braucht, wie er wächst, oder eine Gesellschaft nicht zu lernen braucht, sich zu entwickeln. Eros ist die formbildende Kraft, die von einfacher zu höherer Komplexität führt. Freilich ist es nicht der alltägliche Wille, der die biologische Evolution steuert. Doch Eros oder *élan vital* treten in der Psyche des Menschen als der alltägliche egoische Wille in Erscheinung.

Jedes Individuum verfügt über diese psychologische Form der Lebenskraft, über Eros, verfügt über Willen, so stark oder schwach ausgeprägt er auch sein mag. Der alltägliche Wille selbst muss nicht erlernt werden. Er kann nur verstärkt werden, indem er durch einen Moment der Reflexion auf sich selbst angewendet wird. In diesem Moment, wo Wille auf Wille angewendet wird, wo die, um es mit Julian Huxley zu sagen, Evolution – in uns – sich selbst bewusst wird und wo Eros auf Eros angewendet wird, wird aus der blinden Kraft *Eros* die Kraft *Thelema,* der Wille zur Evolution. Wir werden darauf zurückkommen.

Die eigentliche Frage ist also, ob ein Individuum von *Eros* zu *Thelema* kommen kann, vom alltäglichen Willen zum Willen zur Evolution. Durch welche Handlungen können wir unsere Aufmerksamkeit im Alltag auf das Phänomen Wille lenken? Wie können wir ihn bestärken? Durch eine Ethik, die den Willen ins Zentrum rückt, durch eine Ethik, die in der Förderung des Willens zu Wachstum besteht. Und damit durch die moralische Aufforderung: Tu was Du willst!

Tu, was du willst!

In Bezug auf diese Handlungsaufforderung müssen wir unterscheiden zwischen prä-rationalen, rationalen und trans-rationalen Bestrebungen des Willens. ‚Tu, was Du willst' wollen wir hier nicht in einem prä-rational-naiven oder rational-individualistischen Sinne begreifen. Wir wollen diese Handlungsaufforderung einzig und allein als post-egoisch begreifen. Denn es soll hervorgehoben werden, dass sich die moralische Handlungsanweisung ‚Tu was du willst' nicht auf den Vollzug von naivem Egoismus und Narzissmus bezieht. ‚Tu, was du willst' kann und muss immer post-egoisch und post-konventionell als Rückbezug auf den Daimon und als Förderung der Evolution verstanden werden. Das, was gewollt wird, soll immer nur die Ausformung des Daimons und der Evolution sein. ‚Tu, was Du willst' soll immer in Flow einmünden und zu neuen Informationen führen.

Die Betonung dieser Anweisung liegt also nicht auf der sozialen Kontingenz und moralischen Beliebigkeit des ‚Was-auch-immer-Wollens', sondern auf dem ‚Tun', also auf der Realisation des Selbst und dem Vollzug des Daimons. Sie beginnt da, wo man sich dafür entscheidet, seiner Inspiration zu folgen und den Moment sozialer Anpassung hinter sich zu lassen.

Freiheit

Im Kontext von Wille vs. sozialer Anpassung soll an dieser Stelle etwas zum Phänomen Freiheit gesagt werden. Eine nicht unpopuläre Ansicht zum Thema ‚Freiheit des Willens' besteht in der Behauptung, dass der Mensch potentiell frei sei. Diese Ansicht basiert auf der Beobachtung, dass der zivilisierte Mensch bekanntermaßen auf eine Menge von Regeln konditioniert ist, die das soziale Miteinander erleichtern, aber nur in den seltensten Fällen sprachlicher Natur sind (wie zum Beispiel Gesetzesbücher) und damit meist völlig unbewusst ablaufen. Das Resultat ist, dass der Mensch, der eine Tat vollbringt, häufig denkt, er hätte dies aus freiem Willen getan, sich tatsächlich aber aufgrund gewisser Regeln entscheidet. Aufgrund solcher Überlegungen kommen viele Philosophen zu dem nicht abwegigen Schluss, dass der Mensch nicht frei sei. Er könne aber frei werden.

Es ist in diesem Sinne nicht unpassend zu behaupten, der Mensch sei potentiell frei. Allerdings wird dabei ein kleines und dennoch ziemlich wichtiges Detail übersehen. Jeder Mensch hat *a priori* die freie Wahl, sich zu entscheiden, ob er ein sozialkonformes Leben leben will oder ein daimonisches. Jeder Mensch hat die Wahl, ob er sich sozialen Anforderungen anpassen will oder seinen eigenen Intuitionen, seinen Inspirationen und Ideen folgen will und im Zuge dessen das ausformt, was wir Wille nennen. Der Mensch ist nicht potentiell frei. Er ist *de facto* frei. Und jeder Mensch nimmt diese Freiheit der Wahl für sich jeden Moment in Anspruch. Es liegt nichts Falsches darin, sich für ein unfreies oder sozialkonformes Leben zu entscheiden. Wenn jemand sich dafür entscheidet, des Geldes wegen einen bestimmten Job zu machen, weil die Familie ernährt werden soll, so liegt diesem Gedanken eine gewisse Logik zugrunde. Aber man muss sich nicht so entscheiden. Doch nichtsdestotrotz hat jeder Mensch die Wahl, wie er sein Leben leben möchte. Und nichts auf der Welt kann und wird ihm dieses Recht streitig machen können.

Ein egoisches Willens-Paradigma

Ich möchte an dieser Stelle auf einen der bedeutendsten Unterschiede eingehen, der mit einer neuen postegoischen und postkonventionellen Fassung des Willens im Verhältnis zu rationalen und konventionellen Vorstellungen einhergeht. Dieser Unterschied findet sich in pragmatischer Hinsicht bei der Umsetzung des Willens. Das offenkundigste Resultat des Willens liegt, wie wir sahen, darin, seine eigenen psychischen Wirklichkeiten zu verändern. Im Umkehrschluss heißt dies: Man mag noch so sehr behaupten, dass man seine Ziele verfolgt: Wenn sich aber kein Erfolg (keine neuen Informationen) einstellen, ist und wurde kein Wille ausgeübt. Wille zeigt immer auf etwas in der Zukunft. Wenn dieses Etwas nicht realisiert wurde, gibt es keinen Beweis dafür, dass Wille jemals vorhanden war. Wille beweist sich durch seine Realisation. Und es gilt auch: In dem, was tatsächlich realisiert wurde, wird die Natur des Willens erkennbar.

Es gibt in der Philosophie eine entgegengesetzte Perspektive zu dem hier vorgestellten Willensbegriff. Einer dieser Vertreter dieser Auffassung ist Peter Bieri, ehemaliger Professor für Philosophie an der Freien Universität Berlin. Für Bieri ist Wille auf gewisse Weise identisch mit der (sprachlichen) Intention. Bieri behauptet, dass Wille auch dann Wille ist, wenn das intendierte Handeln vereitelt wird:

> Sie wollen heute wieder am Minutenwalzer arbeiten, werden aber durch die verschlossene Tür des Konservatoriums daran gehindert. Ihr Wille bleibt ein bloßer Wille, der nicht in die Tat umgesetzt werden kann. Dass es trotzdem Wille und nicht nur Wunsch ist, zeigt sich daran, dass gilt: Wäre die Tür offen gewesen, wären sie hineingegangen und hätten geübt.[43]

Diese Fassung ist aus unserer Perspektive unbefriedigend. Es lässt sich schließlich nicht überprüfen, was Wille ist und was nicht, weil das angeblich wollende Individuum alles Mögliche behaupten kann. In unserer Fassung definiert sich Wille über die spielerische und leichte Überwindung von selbst- und fremderzeugten Hindernissen. Demgegenüber einen Willensbegriff zu konzipieren, der sich frei von Hindernissen, frei von Problemlösungen und Möglichkeiten versteht, macht aus Wille und Wunsch etwas Ununterscheidbares. Ich stimme daher eher mit Arthur Schopenhauer überein, der im Willen ein Äquivalent zum Handeln erkennt und sich der Beweis für Wille nur im tatsächlichen Vollzug der Handlung, im Erfolg (im eigentlichen Wortsinn) aufzeigen lässt.

Ein post-egoisches Willens-Paradigma

Das ganze Problem dieser *konventionellen* philosophischen Interpretation von Wille liegt in der Annahme, dass es für die Psyche eine externe Welt gibt, die selbst nichts mit der Psyche bzw. den Operationen der Psyche zu tun hat und von ihr unabhängig existiert. Die ontische Welt wird als unabhängig von dem psychischen Phänomen Wille begriffen. In

---

43. Bieri, Peter, *Das Handwerk der Freiheit*, S. 41, Frankfurt a. M., 2003.

dieser Perspektive zur Beziehung von Individuum und Welt kann Wille logischerweise auch dann sein, wenn sich diese ontologische Welt dem Individuum durch verschlossene Türen versperrt, denn es ändert nichts an dem Vorhandensein des psychischen Phänomens Wille.

In ähnlicher Weise hängt für Bieri der Wille ausschließlich von ‚äußeren Umständen ab'. „Man könne nur die Berufe ergreifen wollen, die es in einer Gesellschaft gibt."[44] Wir hatten dies an anderer Stelle schon schärfer differenziert. Man kann durchaus auch Dinge wollen, für die es keine Prototypen gibt: Gerade das kennzeichnet die gesellschaftliche *Avantgarde*, genau das ist ihre soziale Aufgabe. Durch Bieris neuerliche Konzeptionierung wird Wille zu einem blutleeren Phänomen.

Wille kann sich sehr wohl – und darin liegt vielleicht sein auffälligstes Merkmal – genau darin zeigen, einen Beruf zu ergreifen, für den es in der Gesellschaft keinen Prototypen gibt. Wille zeigt sich dann in der Realisierung dieser Option, in der Schaffung von etwas Neuem. Genau das ist es, was das postkonventionelle Paradigma in Bezug auf den Willen ermöglicht.

Das postkonventionelle Modell von Wille, das ich hier vorstelle, basiert auf der Erkenntnis, dass alles Beobachtete stets nur psychische Wirklichkeit ist, und zwar unabhängig davon, wie die ontische Welt wirklich beschaffen ist. Aufgrund dieses Fundaments sind das Einzige, was wir via Willen verifizierbar verändern können, unsere psychischen Wirklichkeiten und unser Selbst. Und genau darin zeigt sich schließlich Wille.

---

44. A.a.O., S. 49.

III. Wille 2

Wille 2 ist die Einheit von Sinn, Mühelosigkeit und Verhalten

1. Emergenz

Emergenz bedeutet das Auftauchen von neuen und kohärenten Strukturen, Mustern und Eigenschaften während des Prozesses der Selbst-Organisation in komplexen Systemen. [Professor Jeffrey Goldstein, Emergenz*]*

Die allgemeine Systemtheorie beschreibt die Struktur von Systemen, ihre Elemente, ihre Organisation sowie ihre Fähigkeit zur Ordnungsbildung. Ein ganz wesentliches Merkmal der Psyche als autopoietisches System liegt in der Selbstorganisation, also dem psychischen Prozess, der scheinbar wie von Zauberhand zu höheren strukturellen Ordnungen führt. Zwei ganz besondere Aspekte dieser Selbstorganisation liegen dabei in den von der Systemtheorie häufig verwendeten Begriffen der Emergenz und der Komplexität. Wollen wir die Fähigkeit zur Ordnungsbildung verstehen, müssen wir einen kurzen Blick auf diese Phänomene richten.

‚Komplexität' beschreibt im Rahmen der Systemtheorie immer die Unmöglichkeit eines Systems, alle seine Elemente miteinander zu verbinden. Das System kann die Psyche selbst sein oder ein Sozialsystem. Für Niklas Luhmann ist eine Menge von Elementen komplex, ‚wenn auf Grund immanenter Beschränkungen der Verknüpfung der Elemente nicht mehr jedes Element jederzeit mit jedem anderen verknüpft sein kann'.[45]

Dennoch bilden genau diese Elemente die Grundlage für die Selbstorganisation der Psyche. Selbstorganisation heißt einfach: Spontane Ordnungsbildung der Systemelemente in neue kohärente Muster, Strukturen und Verhaltensweisen. Je höher die Komplexität des Systems wird, desto höher wird auch die Wahrscheinlichkeit, dass sich neue Ordnungen herausbilden, die diese Komplexität wiederum *reduzieren* können.

Ein ganz einfaches Beispiel findet sich in der Herausbildung neuer Entwicklungsstufen des Geistes: Je mehr sich eine solche Stufe ‚ausdifferenziert', desto wahrscheinlicher wird eine neue Ordnung, die die Errungenschaften, Leistungen, aber auch Pathologien der vorherge-

45. Luhmann, Niklas, *Soziale Systeme*, S. 46, Frankfurt a. M., 1984.

henden Stufe auf höherer Ebene umfasst, löst und unter vollkommen neue Gesichtspunkte stellt. Wie es die Komplexitätstheorie – als Zweig der Systemtheorie – fasst: Auf eine Phase der Ausdifferenzierung folgt der Emergenzsprung zu einer höheren organisationellen Ordnung, die eine Reihe von Innovationen für das System mit sich bringt. Für die Psyche heißt das: Neue Ziele und Erkenntnisse, neue Werte und Verhaltensmöglichkeiten tauchen auf. Nun ist es aber nicht so, dass sich diese Ordnungen lediglich durch Beobachtung und Verständnis einstellen, sondern, wie auch schon Hegel bemerkt hat, durch Konflikte und Konfrontationen. Im Kontext der oben erwähnten Entwicklungsstufen sind beispielsweise ‚Pathologien' notwendig, um durch weitere Ausdifferenzierungen der systemimmanenten Probleme zu neuen Lösungen und Ordnungen zu kommen, und damit zu neuen Problemen.

Dieses Auftauchen neuer Ordnungen nennt man Emergenz. Emergenz bezeichnet also die Herausbildung neuer Strukturen auf der Grundlage seiner Elemente. Emergenz bedeutet nicht, dass die Eigenschaften der emergierenden Systemebenen von den darunterliegenden Ebenen vollständig unabhängig sind. Emergente Eigenschaften lassen sich aber auch nicht durch eine Analyse des Verhaltens einzelner Systemkomponenten erklären. Anders herum heißt dies also, wie Luhmann feststellte, dass ‚Emergenz nicht einfach Aufbau von Komplexität ist, sondern Unterbrechung und Neubeginn des Aufbaus von Komplexität'.[46] Komplexität führt immer nur zur Bildung von weiterer Komplexität. Es ist die Navigation dieses Prozesses der Komplexitäts-Emergenzbildung, die so charakteristisch für die Navigation der eigenen Evolution ist.

Die Emergenz von Wille 2

Wie Stuart Kaufmann festhält, ist diese Ordnungsbildung eine grundlegende Eigenschaft von autopoietischen Systemen im Allgemeinen[47]. Das gilt ganz besonders für die Psyche. Wie wir in Teil II dieses Buches gesehen haben, können wir Wille 1 als eine emergente Organisationsform der Psyche begreifen, die sich in zielorientiertem Verhalten, hohen Intensitäten und einer Bewusstheit psychischer Prozesse ausdrückt.

---

46. A.a.O., S. 44.
47. Vgl. Kaufmann, Stuart, *Der Öltropfen im Wasser*, S. 46, München, 1996.

Evolutionäre Ordnungsbildung – zunehmende Komplexität, die zu emergenten Ordnungen führt, die eine weitere Zunahme der Komplexität und neue Emergenzsprünge ermöglichen – kann in evolutionärer Hinsicht zu einem steten Prozess werden, bei dem evolutionär passendes und förderndes Verhalten zu weiterem evolutionären Verhalten führt. Auch Wille 2 – und mit ihm das zweite post-egoische Selbst – zeichnet sich durch eine emergente Ordnung aus, eine weitere Stufe der Evolution der Psyche, die in ihrem Auftreten immer wahrscheinlicher wird, je stärker sich ein Individuum mit Wille 1 ausdifferenziert und die Probleme löst, die mit dem Auftauchen von Wille 1 entstehen.

Das wahre Selbst – als Bedingung von Wille 2 – ist dann eine neue Ordnung des post-egoischen Selbst, die sich aus der Differenzierung und der daimonischen Diversifikation der sich steigernden Komplexität des Individuums ergibt, der alle persönlichen Lebensbereiche und Lebenspraxen einem oder mehreren Daimonen unterstellt. Doch das wahre Selbst ist mehr als nur die Summe seiner Elemente. Das wahre Selbst ist die Einheit und das verbindende Element aller Daimone, eine Ordnung, die sich aus dem Zusammenspiel aller Daimone ergibt.

Es ist indessen interessant zu erwähnen, dass dies ein sehr bekanntes Stadium in der Entwicklung der Psyche ist. G.I. Gurdieff nennt diesen Zustand das Erkennen ‚der eigenen, vollständigen Gesamtheit'. C.G. Jung würde es anders ausdrücken und formulieren, dass das Individuum sein ‚wahres Selbst' erkennt. Oder um es mit Wilber zu sagen: Das Individuum erzeugt Bewusstsein Zweiten Ranges. Wilber hierzu:

Da sich das Denken Zweiten Ranges über die inneren Stufen der Entwicklung vollständig bewusst ist, tritt es einen Schritt zurück und bekommt einen Blick auf das große Ganze. Insofern erkennt das Denken Zweiten Ranges die notwendige Rolle, die alle Entwicklungsstufen spielen, an. Bewusstsein Zweiten Ranges denkt in Begriffen der allumfassenden Spirale der Existenz, und nicht nur in Begriffen irgendeiner Entwicklungsstufe. Und daher beginnt die Welt mit dem Denken Zweiten Ranges Sinn zu ergeben, beginnt sich als Ganzes zusammenzufügen und zum ersten Mal überhaupt zusammenzuhängen. Ausgehend vom Bewusstsein Zweiten Ranges eröffnet sich einladend die Möglichkeit eines aufrichtigen Friedens am Horizont.[48]

---

48. Wilber, Ken, *Boomeritis*, S. 29, Neuenkirchen, 2008.

Praktisch heißt dies: Ein System wie die Psyche kann eine organisationelle Ordnung wie die des ‚wahren Selbst' ausformen, indem sie viele authentische Selbst-Zustände wie den des daimonischen Verhaltens ausformt. Je mehr sich die Psyche durch den daimonischen *modus operandi* ausdifferenziert, desto größer wird die Wahrscheinlichkeit, dass sich dieser psychische Attraktor des wahren Selbst ausformt. Und dieses wahre Selbst besteht genau darin, selbst-bewusst seine eigenen psychischen Zustände frei wählen zu können. Diese Ordnung des Selbst, das diesen Prozess der Komplexitätssteigerung und anschließender Emergenzbildung navigieren kann, ist immer evolutionärer Natur. Das Selbst wird zu einem Vehikel der psychischen Evolution.

Nur dadurch, dass ein Individuum beginnt, über den Daimon seine eigene Autopoiese zu navigieren, kann er die Elemente und Bedingungen dieser Autopoiese erfassen und diese in seine Operationen bewusst integrieren. Er lernt, seine Autopoiese über Wille 1 und damit den Vollzug seines Daimons zu navigieren. Damit steigert das Individuum nach und nach seine Bewusstheit über die eigenen internen Prozesse. Diese Bewusstheit strebt immer zu jenem kritischen Zeitpunkt, an dem eine Neuorganisation des Systems erforderlich wird. Je mehr Wissen wir sammeln und je mehr wir lernen und je höher unsere Bewusstheit wird, desto umfangreicher muss auch die Ordnung der Psyche sein, um die durch diese höhere Bewusstheit erzeugte Komplexität zu verarbeiten. Die Bedingung für die Emergenz von Wille 2 liegt in einem Emergenzsprung der Bewusstheit über die eigenen psychischen Prozesse. Wir wollen diese Grundbedingung im Kontext der psychischen Beobachter untersuchen, denn Wille 2 manifestiert sich, wie wir sehen werden, durch die Operationen des Beobachters dritten Grades.

Wille 2 emergiert immer dann, wenn man alle seine Lebensbereiche einem Daimon unterstellt hat. Weil alle Lebensbereiche einem Daimon unterstellt werden und sich diese Daimone selbstständig ausdifferenzieren, entsteht etwas Neues. Dieses Neue können wir als eine Art Meta-Daimon bezeichnen. Er integriert und transzendiert alle anderen Daimone und man könnte ihn den *Daimon der Evolution* nennen, denn es ist das Wesen jedes einzelnen Daimons, die Psyche auszudifferenzieren und somit Evolution voranzutreiben.

Dieser Meta-Daimon hat an sich (und das unterscheidet ihn von den Daimonen des post-egoischen Selbst I) vor allem sozialen Charakter. Wille 1 und das Ausdrücken einzelner Daimone via Flow ist individueller Natur und bezieht sich nur auf das Verhalten des Individuums, wobei Wille 2 immer sozial ist. Der Meta-Daimon emergiert gleichermaßen als Element von Psyche und Gesellschaft. Ich werde darauf im Kapitel 4 ‚Mühelosigkeit' eingehen, indem ich zeige, dass Mühelosigkeit in Zielerreichung und Sinngenerierung nur dann stattfinden kann, wenn sie im Einklang mit den Interessen und Bedürfnissen von Gesellschaft stattfindet. Dies steht in Übereinstimmung den Erkenntnissen von Andras Angyal und Susanne Cook-Greuter, die festhielten, dass Entwicklungsstufen stets zwei Arten von Schwerpunkten haben. Zum einen gibt es Entwicklungsstufen, die den Schwerpunkt in der Eigenkomplexität, Eigenständigkeit und der Differenzierung von der vorherigen Entwicklungsstufe beschäftigen, während andere Entwicklungsstufen mit der (sozialen) Integration der vorherigen differenzierenden Entwicklungsstufe beschäftigt sind und damit, sich mit einem Größeren, das über das eigene Selbst hinausreicht, zu identifizieren. Cook-Greuter nennt diese beiden Bedürfnisse der Psyche *Integration* und *Differenzierung*[49]. In diesem Sinne können wir festhalten, das Wille 1 und das post-egoische Selbst I eine *differenzierende* Entwicklungsstufe ist, darin bestrebt, die Eigenkomplexität zu erhöhen, während Wille 2 und das post-egoische Selbst II eher eine *integrierende* Entwicklungsstufe darstellt, um die hinzugewonnene Eigenkomplexität sozial anschlussfähig zu machen.

Wille 2

Doch kommen wir nun auf Wille 2 zu sprechen. Mit dem Emergenzsprung in der Entwicklung der Psyche hin zur zweiten post-egoischen Entwicklungsstufe geht auch ein Sprung in der Entwicklung des Willens einher. Es ist nicht unpassend, diese Entwicklung derart zu skizzieren, dass das Individuum mit diesem Emergenzsprung nicht mehr nur ein Teil des Selbst via *Flow* (via Passion und Konzentration) ausgedrückt wird, sondern das Gesamt-Selbst. *Flow* wird nicht mehr nur in einzelnen Lebenspraxen angewendet, sondern kann in allen Lebenspraxen praktiziert werden, die ein Individuum definiert. Es verändert sich nicht nur die Quantität des Willens, sondern auch seine Qualität. Das Individuum gewinnt zunehmend weitere Fertigkeiten, wie es seine Psyche – und damit die Wirklichkeiten, die das Individuum erzeugt – navigieren

49. Vgl. Cook-Greuter, Susanne, *Selbst-Entwicklung, 9 Stufen zunehmenden Erfassens*, S. 5, 2008.

kann. Diese Fertigkeiten drücken sich auch immer praktisch und ‚handwerklich' aus, weshalb Aristoteles sagte, dass das Genie sich immer in seiner *téchne* ausdrückt – jenem Begriff, von dem unser Wort ‚Technik' abstammt. Ursprünglich jedoch bedeutet *téchne:* das Handwerk, die Fertigkeiten oder die Fähigkeit, Dinge zu erschaffen, die nie zuvor existiert haben.

Wille 2 ist immer emergent zu Wille 1, und zwar auf dieselbe Weise, auf die das wahre Selbst immer emergent zu dem suchenden Selbst ist. Wille 2 ist die Organisation und Anwendung von Wille 1 unter neuen Grundbedingungen. Wille 1 wird sporadisch – in einem oder ein paar wenigen Lebensbereichen – angewandt. Wille 2 hingegen wird immer praktiziert. Wille 1 ist das Navigieren eines Daimons, Wille 2 die Navigation und Organisation vieler Daimone unter der Direktive (oder dem Daimon) der Evolution. Wille 2 basiert darauf, dass das Individuum das gemeinsame Element aller ihm erfahrbaren Daimone und deren Bedeutung für die Evolution der Psyche und des Selbst erkannt hat. Wille 2 ist das Selbst in Aktion, einem einzigen Sinn folgend: die Förderung der Evolution aller. Die moralische Anweisung, um Wille 2 zu erzeugen und aufrechtzuerhalten, lautet: Tu (immer), was du willst! Hier sieht man wieder die Umrisse dessen, warum und inwiefern Wille die große Generalisierung spirituellen Handelns ist. Denn Wille ist nichts anderes als praktische Spiritualität, die Umsetzung und Förderung der Evolution aller.

Der Übergang von Wille 1 zu Wille 2 beginnt damit, für jede individuell relevante Lebenspraxis (in Politik, Kunst, Wissenschaft, Religion) einen Daimon zu entwickeln. Die gesamte Idee vom wahren Selbst und Wille 2 basiert dann darauf, nicht nur in und für diese Lebenspraxen einen entsprechenden Daimon zu haben, mit dem man Wille 1 ausdrückt, sondern das gemeinsame Element all dieser Daimone erkannt zu haben. Dieses gemeinsame Element aller Daimone ist die emergente Ordnung – der Daimon der Evolution (denn dies ist das gemeinsame Element) –, über die alle anderen Daimone im Alltag navigiert werden können. Wille 2 und das wahre Selbst sind emergente Formen, die sich aus der zunehmenden Differenzierung des suchenden Selbst, welches Wille 1 ausübt, ergeben.

Das wahre Selbst ist nicht statischer Natur, sondern kennzeichnet sich durch seine prozesshaften Eigenschaften. Dieser Prozess ‚besteht' darin, in jeder Situation mit dem entsprechenden Daimon eine Beziehung zwischen der lokalen und nonlokalen Domäne des Geistes herstellen und in kreatives Verhalten überführen zu können. Diese Überführung und Navigation der Daimone übernimmt der Daimon der Evolution. Ob es beim Sport ist oder bei der Arbeit oder beim Sex oder beim Abwaschen oder bei der Kommunikation mit anderen Menschen: Stets ist es der Daimon der Evolution, der den Kurs und die entsprechende Wahl des jeweiligen Daimons in diesen verschiedenen Lebenssituationen festlegt. Der Daimon der Evolution ist insofern ein emergenter und übergeordneter Daimon. Er sorgt dafür, dass alle anderen Daimone unter einer Direktive geordnet navigiert werden können. Da er selbst das Resultat der Weiterentwicklung des Individuums ist, ist genau auch dies seine Berufung: die Navigation alle Daimone zum Zwecke der Evolution. Er sorgt dafür, dass alle Handlungen zum rechten Zeitpunkt geschehen. So stellt er sicher, dass sich alle Bereiche des Lebens harmonisch weiterentwickeln.

Wir hatten im ersten Teil dieses Buches als Elemente von Wille 1 Ziele, Flow und Verhalten benannt. Auch bei Wille 2 können wir eine Differenzierung in drei Bereiche vornehmen: Kognition, Emotion und Volition. Wo sich Wille 1 kognitiv über Ziele konstituiert, so konstituiert sich Wille 2 über die Navigation von Sinn. War das emotionale Element von Wille 1 kraftvolle Intensität (*Flow*), so ist es bei Wille 2 Mühelosigkeit. Und auch Wille 2 kann sich nur konstituieren, wenn er in Verhalten (Handlung) umgesetzt wird. Als solches ist Wille 2 dann die Einheit von Sinn, Mühelosigkeit und Verhalten.

2. Sinn

Die Dinge, die zu tun sind, sind: die Dinge, die getan werden müssen: von denen Du denkst, dass sie getan werden müssen und von denen sonst niemand denkt, dass sie getan werden müssen. Dann erkennst du deinen eigenen Weg des Tuns von dem, was getan werden muss – ein Weg, von dem dir niemand gesagt hat, dass oder wie du ihn tun sollst. Das wird das wirkliche Du aus dir hervorbringen, welches oftmals durch einen Charakter verschüttet wird, der – durch andere aufgebürdet oder bedingt – aus oberflächlichen Verhaltensweisen besteht [R. Buckminster Fuller, Critical Path*]*

Beginnen wir mit dem ersten Element von Wille 2: ‚Sinn', jenem Phänomen, das zum Bereich der Kognition des Gesamtselbst gehört. Über Wille 1 lernt das Individuum, sich erstmals mit der Sinndimension der Psyche auseinanderzusetzen. Bei Wille 1 liegt der kognitive Schwerpunkt auf den Zielen und *wie* diese zu erreichen sind. Ziele verweisen immer auf eine Zukunft und sind damit immer in einen Sinnzusammenhang eingebettet, da Sinn ja die Einheit von Gegenwart, Vergangenheit und Zukunft ist. Bestimmte Ziele ergeben zu einem gegenwärtigen Zeitpunkt Sinn, andere nicht. Das heißt: Mit der Veränderung des Sinns verändert sich auch der Horizont der Ziele. Und mit bestimmten Zielen geht immer ein bestimmter Sinn einher. Mit Wille 2 verschiebt sich der kognitive Schwerpunkt von Zielen auf Sinn und die Frage, welcher Sinn zu verfolgen ist.

Insofern formen Ziele den Sinn, wie Sinn bestimmte Ziele ermöglicht. Sinn ist eine den Zielen emergente Struktur, dessen Navigation vom Individuum eine höhere Bewusstheit erfordert als die Navigation der Ziele. Sinn umfasst meist viele oder mehrere Ziele. Die Wahl des Sinns führt damit größere Konsequenzen und Bindungen mit sich als die Wahl eines Ziels.

Sinn zu navigieren heißt, sich über den Horizont der aktuellen und potentiellen Ziele bewusst zu sein und frei zwischen unterschiedlichen Sinnzusammenhängen wählen zu können. Dabei geht es weniger um die Frage, ob man beispielsweise Arzt oder Anwalt werden will – was eine Zielfrage wäre –, sondern darum, in welchem psychisch internen Sinnzusammenhang genau dieses Ziel (Arzt oder Anwalt zu werden) steht.

Das heißt, welche Ziele schließen sich dem Erreichen des ersten Ziels an, welche internen Selbstbeschreibungen und andere psychische Zustände gehen damit einher und – ganz wichtig – besteht tatsächlich die Möglichkeit, eine andere Wahl zu treffen und praktisch umsetzen zu können? Dieses ‚Auch-anders-möglich-sein' des Sinns ist bei Wille 2 von entscheidender Bedeutung, weil das Individuum durch Lebensskripte und Lebenspläne an bestimmte konditionierte Sinnzusammenhänge gebunden ist. Will man lernen, diese Lebensskripte zu verändern, muss man beginnen, diese Sinnzusammenhänge ändern zu können. Wie die Psychologie gezeigt hat, verläuft die (unbewusste) Wahl von bestimmten psychischen Zuständen (Stimmungen, Launen, Gefühle, Gedanken, Vorstellungen etc.) immer entsprechend dieser sinnhaften Lebensskripte oder Pläne. Mit der Veränderung dieser Sinnzusammenhänge werden damit auch die psychischen Zustände, Emotionen, Gefühle, aber auch Gedanken und Vorstellungen kontingent.

An dieser Stelle stellt sich dann die Frage, welcher Sinn zu verfolgen ist. Dieses Buch will anregen, allgemein über den Sinn ‚Evolution durch Wille' nachzudenken. Wille 2 heißt immer die Anwendung von Sinn. Wille 2 wird nur möglich durch selbstnavigierte Evolution und zeigt immer auf die Evolution des Geistes und der Kultur. Sinn macht dann das, was die selbstnavigierte Evolution aller fördert.

3. Mühelosigkeit

Nichts ist mühsam, was man willig tut. [Thomas Jefferson, Lebensregeln*]*

Neben der Fähigkeit, Sinn zu setzen und zu navigieren, ist der zweite Bereich, dem wir uns in Bezug auf Wille 2 widmen wollen, der Bereich der Emotionen. Wir hatten Wille 1 durch Flow charakterisiert, wobei wir diese flow-artige Intensität als daimonisches Verhalten beobachtet haben. Ein allgemeines Charakteristikum daimonischen Verhaltens lag dabei darin, dass sich das Individuum in voller und bewusster Übereinstimmung mit sich selbst verhält. Flow kennzeichnet sich ja dadurch, dass alle Gedanken, Vorstellungen und Handlungen auf eine Sache ausgerichtet sind. Man befreit sich durch Flow von allem, was einen geistig oder emotional beschäftigt oder stört. Während wir also Passion und Flow als die Haupteigenschaften und Kennzeichen von Wille 1 charakterisieren, wollen wir *Mühelosigkeit* als energetische und emotionale Fähigkeit von Wille 2 kennzeichnen.

Ken Wilber konnte mit seiner integralen Psychologie zeigen, dass evolutionäre Strukturen über eine individuelle und kollektive Dimension verfügen. Er fand heraus, dass Individuen und ihre dazugehörenden kollektiven Umwelten sich in einer Form der Co-Evolution entwickeln. Das bedeutet: Wo ein individuelles Bewusstsein und ein individueller Bewusstseinszustand ist, gibt es eine kollektive Kultur (Nische), zu dem dieses Individuum gehört. Mühelosigkeit basiert darauf, dass der Wille des Individuums in Übereinstimmung mit den Erfordernissen und Bedürfnissen der Gesellschaft steht und dass das Individuum eine funktionale soziale Nische gefunden hat, die mit seinem eigenen Bewusstseinszustand kompatibel ist. Mühelosigkeit ist insofern Störungsfreiheit, die dadurch entsteht, dass das Individuum gelernt hat, eine Übereinstimmung seines Willens mit den evolutiven Bedürfnissen der Gesellschaft zu erzeugen bzw. zu finden.

Was ist Mühelosigkeit?

Ganz allgemein nenne ich Wille 2 deshalb ‚mühelos', weil auf dieser Entwicklungsstufe Veränderungen und Ziele mühelos erreicht werden können. In der Tat erscheint es dem äußeren Betrachter so, als würden die Ereignisse wie von Zauberhand geführt, beinahe magisch, zu den gewünschten Ergebnissen führen, möglicherweise mit ‚Glück', vor allem aber durch extrem wenig Aufwand. Was der äußere Betrachter häufig natürlich nicht sieht, ist, dass eine immense Verfeinerung der Technik des Willens stattgefunden hat wie auch eine weitere Befreiung von Störungen psychischer und vor allem sozialer Natur. Diese Verfeinerung besteht vor allem in psychischer Hinsicht darin, dass das Individuum sich nicht mehr an den Erfolg seines Willens bindet. Es kann wollen, ohne auf das Resultat zu achten, denn wiewohl jede Handlung, jede Ursache auch eine Wirkung hat, lassen sich die Wirkungen doch nur selten vollständig antizipieren.

In sozialer Hinsicht kommt Mühelosigkeit jedoch, und dieser Aspekt ist weitaus bedeutender, dadurch zustande, dass das Individuum mit seinen daimonischen Verhaltensweisen eine soziale Nische gefunden hat, in der es operieren kann. Das Individuum, das Wille 1 anwendet, ist nicht auf diese soziale Nische angewiesen, in der der jeweilige Daimon ausgedrückt wird. Man kann auch für sich alleine in Flow kommen und sich weiterentwickeln. Doch das Individuum, das Wille 2 praktiziert, steht in direktem sozialen Dialog und Austausch. Mühelos ist Wille 2 dann deshalb, weil er dann nicht nur in Übereinstimmung mit der Evolution der Psyche steht, sondern auch mit der Evolution der Kultur. Wie Wilber, McIntosh und andere Denker klargestellt haben, gibt es in der menschlichen Existenz auch immer einen kulturellen Bereich, der der Evolution unterliegt.[50] Das Individuum, welches die zweite post-egoische Entwicklungsstufe des wahren Selbst ausgeformt hat, hat gelernt, jene Ziele und jenen Sinn zu verfolgen, der in Übereinstimmung mit der kulturellen Evolution steht. Und da sich ein solches Individuum an die Drift der kulturellen Evolution angepasst hat, erscheint seine Zielerreichung nun mühelos.

Weil die Psyche also nicht mehr nur lernt, Ziele zu erreichen, die im Einklang mit dem suchenden Selbst sind (Wille 1), sondern auch Sinn so setzen kann, das er im Einklang mit dem wahren Selbst und der Kultur steht, wird der Vollzug des Sinns mühelos. Mühelosigkeit bedeutet deshalb, im Einklang mit Selbst und Kultur jene Ziele zu formen, die der weiteren Entwicklung des Selbst und der Kultur dienen. Auch hier gilt,

---

50. Vgl. Wilber, Ken, *Eros, Kosmos, Logos,* Frankfurt a.M., 2006, und McIntosh, Steve, *Integrales Bewusstsein,* Hamburg, 2009.

dass diese Ziele immer neue Wirklichkeiten und Informationen erzeugen.

Ein weiteres Kennzeichen der Mühelosigkeit liegt darin, durch Daimone gewonnene Fähigkeiten mühelos auf andere Bereiche des Lebens anwenden zu können. Das heißt nicht unbedingt, spontan virtuos Klavier spielen zu können, doch es heißt, über die Fähigkeit zu verfügen, relativ zügig einen Daimon beim Klavierspielen erzeugen zu können – sofern diese Zielstellung in Übereinstimmung mit der Entwicklung des Selbst liegt. Das Geheimnis der Mühelosigkeit liegt daher im Wissen um die Richtung der weiteren Entwicklung des Selbst (und damit Wille 3). Mühelosigkeit ist damit immer auch die Gewissheit und das praktische Know-how, auch neue Probleme, Hindernisse und Widerstände mit Flow überwinden zu können.

Gelassenheit

Mühelosigkeit hat eine weitere Erscheinungsform und diese nenne ich Gelassenheit. In Gelassenheit drücken sich das Wissen und die Bewusstheit darüber aus, dass alles, was geschieht, Resultat des eigenen Willens und der Evolution ist. Wir erinnern uns: Jede Problemstellung ergibt sich aufgrund von bestimmten Zielsetzungen. In diesem Sinne ist alles, was geschieht (selbst das Unvorhersehbare), in die weitere Entwicklung integrierbar.

Wir Menschen werden schnell emotional, wenn unser Job gefährdet ist oder jemand Schlechtes über uns sagt oder sich jemand anders verhält, als wir es erwarten. Doch es ist nicht zwingend notwendig, dass wir negative Emotionen formen. Vielleicht sind wir reif dafür, uns weiterzuentwickeln und einen anderen Job zu machen oder auf das unerwartete Verhalten von anderen Menschen mit Wohlwollen und persönlicher Indifferenz zu reagieren. Ähnliches gilt für Ereignisse, bei denen es uns normal erscheint, traurig, verzweifelt oder ängstlich zu sein. Alles geschieht immer zum rechten Zeitpunkt. Der erste Schritt zur Gelassenheit liegt darin, sich zu fragen, ob es tatsächlich immer nötig ist, auf bestimmte Anlässe traurig, wütend oder ängstlich zu reagieren, und ob es nicht auch positive Aspekte dieser Ereignisse gibt.

Es ist in diesem Zusammenhang noch interessant zu erwähnen, dass der buddhistische Begriff *dukkha* gleichermaßen Leid/Schmerz als auch ein verklemmtes Rad bezeichnet, das sich nicht weiterdrehen kann. Wenn unsere Entwicklungen blockiert sind, entsteht Leid, Krankheit und Schmerz. Wenn wir irgendeinen Teil unseres Selbst ausgrenzen und nicht entwickeln, wenn wir emotional blockiert sind oder unseren Geist nicht fördern, unser künstlerisches Schaffen oder unsere Sexualität nicht weiterentwickeln, bewegt sich das Rad nicht und es entsteht Leid. *Sukkha* hingegen bedeutet Glück und bezeichnet die Bewegung des Rades. Dieses Rad des Lebens zeigt auf unsere Entwicklung: Erleuchtung ist nicht ein Stadium, sondern ein Prozess. Erleuchtung findet kein Ende. Erleuchtung heißt, sich stets weiterzuentwickeln, in unserem Sinne also von Wille 1 zu Wille 2 und weiter zu Wille 3. Wille 2 ist dabei immer die Bewusstheit über die Bewegung des Rades. Er ist immer Mühelosigkeit in der Evolution. Wille 2 bedeutet daher auch immer Gelassenheit, denn alles, was geschieht, ist immer Resultat der Bewegung des Rades, und kann in diesem Sinne mühelos gefördert werden.

Das Prinzip der Mühelosigkeit

Um Mühelosigkeit als Erscheinungsform des Willens besser zu verstehen, ist es von Nutzen, das Prinzip der Mühelosigkeit etwas genauer zu betrachten. Das Prinzip der Mühelosigkeit besteht darin, dass in den Domänen des Geistes genau das wahr wird, was sozial als wahr erzeugt wird. Dieses Prinzip basiert auf der Fähigkeit des Individuums, mit Sinnzusammenhängen und Kontexten variabel umgehen zu können. Die Idee der sieben Todsünden ist in einem bestimmten (zeitlichen, topographischen und kulturellen) Kontext sinnvoll und wahr, in einem anderen nicht. Wahr ist stets das, was in einem bestimmten Sinnkontext steht oder sozial gestellt wird. Um ein anderes Beispiel zu nehmen: Man kann das Prinzip der Wirtschaft z.B. mit Luhmann als ‚Knappheit' charakterisieren. Die Vorstellung der Knappheit basiert auf der ‚Beobachtung', dass Ressourcen immer knapp sind – dies war das vorherrschende Modell der Ökonomen seit Thomas Malthus. Dieses Modell basierte auf Malthus' Vorstellung, dass die Weltbevölkerung auf geometrische Weise zunimmt, während die Produktion von Lebensmitteln nur in arithmetischer Weise wächst: Folglich sind Ressourcen knapp und ein Großteil der Menschen muss in Armut leben. Nutzt man dieses Metamodell (ökonomischer Prozesse) der Knappheit, d.h. entscheidet man sich für dieses Modell, um sein eigenes wirtschaftliches Handeln sinnhaft zu strukturieren, führt dies zwingend dazu, dass man seine eigenen wirtschaftlichen Ressourcen als knapp beobachtet. Doch man kann sich auch für ein anderes Metamodell der Wirtschaft entscheiden, beispielsweise für das Prinzip des ‚Überflusses'. Dieser Gedanke basiert auf den Erkenntnissen von F. Buckminster Fuller, der erkannte, dass wir auf diesem Planeten über ein Vielfaches der Energie verfügen, die nötig ist, um die Grundbedürfnisse aller Menschen zu decken. Auch diese Wahl des Metamodells ‚Überfluss' führt zu einer bestimmten Strukturierung der eigenen Beobachtungen, Gedanken und Handlungen. Um jedoch von dem Prinzip der Knappheit zum Überfluss zu kommen, ist es notwendig, die eine Realität bzw. das eine Metamodell zu verlassen und sich für ein anderes zu entscheiden. Dies ermöglicht dann andere Handlungen und andere Zielstellungen.

Psychisch wahr ist immer das, was in einem bestimmten Sinnzusammenhang steht, und dieser Sinn entscheidet, wie etwas beobachtet wird. Ressourcen als knapp oder als Überfluss zu behandeln, sind nur zwei der unendlich vielen Möglichkeiten, Modelle über die Mechanismen der Wirtschaft aufzustellen; die Psyche jedoch, die diese Modelle nutzt, kann nicht zwischen ‚Lüge' und ‚Wahrheit' unterscheiden. Durch redundantes Wiederholen eines Gedankens, der wie eine Vorannahme wirkt (weil es für ihn keinen Beweis gibt), machen wir ihn psychisch wahr. Man lebt sein Leben auf diesen gedanklichen Vorannahmen: ‚Ich bin klug', ‚ich bin dumm', ‚ich bin ein Gewinner', ‚ich bin ein Verlierer'… für keine dieser vielfältigen Selbst-Suggestionen gibt es *a priori* einen Beweis. Man ist nämlich nicht von Anfang an ein Gewinner oder Verlierer. Man macht sich dazu. Die Psyche kann also nicht zwischen Lüge und Wahrheit unterscheiden, und genau diese Grundvoraussetzung der menschlichen Psyche macht das Wesen der Selbst-Suggestion aus.

Die Konsequenz dessen ist, dass sich jeder Gedanke irgendwann in Taten kondensieren wird: Alle Gedanken kondensieren sich in Worten. Alle Worte kondensieren sich in Taten. Alle Taten kondensieren sich in Beobachtungen der Konsequenzen. Alle Beobachtungen kondensieren sich in Gedanken. ‚Kondensieren' heißt natürlich soviel wie ‚das Individuum kondensiert', und es ist seine Entscheidung, wie es dies tut. Mühelosigkeit heißt, das Individuum ist sich der Kontingenz seiner eigenen Methoden bewusst – d.h. es kann sich praktisch auch anders entscheiden.

4. Realität

Sobald wir nämlich ‚Kontinuität' als ein den Dingen zugehöriges Merkmal auffassen, haben wir die Grundlage für eine Welt gelegt, die „existiert", die „da" ist, ob wir sie nun wahrnehmen oder nicht, eine Welt, die letztendlich völlig vom erfahrenen Subjekt getrennt ist. [Ernst v. Glaserfeld, Wissen, Sprache und Wirklichkeit*]*

In diesem Abschnitt möchte ich auf einen weiteren Aspekt von Wille 2 eingehen. Während Wille 1 das Navigieren und Erzeugen von Informations-Räumen ermöglicht, bedingt Wille 2 das Navigieren und ‚Erzeugen-Können' der psychischen Wirklichkeit der Realität. Ich hatte im ersten Teil dieses Buches Realität als das Konstrukt des Beobachters zweiten Grades beschrieben, der diese Wirklichkeit (via Gedanken und Vorstellungen) durch Kommunikation als Einheit von Informations-Räumen erzeugt. Eine beliebige Realität ist also eine Menge oder Einheit von Informations-Räumen, eine symbolische Einheit, wie sie nur von einem mit Symbolen operierenden Beobachter zweiten Grades erzeugt werden kann. An dieser Stelle soll es nun darum gehen, wie wir die psychische Realität erzeugen können.

Realität verfügt immer, obwohl es eine psychische Wirklichkeit ist, auch über eine soziale Komponente. Während sich die Beobachtung eines Baumes immer auf eine Leistung des psychischen Beobachters ersten Grades zurückführen lässt, ist die Benennung des beobachteten Phänomens (‚B-A-U-M') sowie seine Bedeutung und das auf das Phänomen relationierte Wissen – biologisch (Zellstruktur und Aufbau des Baumes), ökologisch (Vorkommen, Verteilung und Nutzen der Arten auf dem Planeten), ökonomisch (Holzindustrie) sowie symbolisch (z.B. als Traumsymbol) – immer auch sozialer Natur, was nicht heißt, dass es ausschließlich sozialer Natur ist. Als psychischer Beobachter zweiten Grades kodieren und dekodieren wir Kommunikation als Wissen und Bedeutung und machen es für die Psyche anschlussfähig. Als solches erscheint uns unser – psychisch individuell betrachtet – gesamtes Wissen über den Baum als eine Realität. Und nun gibt es offensichtlich nicht nur eine Realität, sondern so viele, wie denkbar sind. Um ein paar Beispiele für Realitäten zu nennen: Das Christentum, die westliche Medizin, Evolution als theoretisches Modell, unser gregorianischer Kalender, östliche Medizin, die Medizin der Aborigines, die Medizin der

Inuit, die Art, wie wir uns menschliche Beziehungen vorstellen und sie führen etc. Realitäten zeichnen sich, wie gesagt, immer dadurch aus, dass man durch sie (also durch sprachliche Modellierung) Informationsräume organisiert/erzeugt bzw. erfährt.

Die Realität des Willens

Auch Wille erscheint dann als eine Realität, anhand derer man, wie bei allen anderen Realitäten auch, sinnhaft die eigene Existenz navigieren kann. In psychischer Hinsicht dient jede Realität dazu, unter einem Metamodell oder einem Sinnsystem Bewusstseinsinhalte und Informations-Räume ordnen und weiter selegieren zu können. Psyche benötigt solche Sinnsysteme, da sie ihre Bewusstseinsinhalte sonst nicht ordnen könnte und der völligen Entropie ausgeliefert wäre, ohne die Möglichkeit, komplexere Organisationsformen bilden zu können. Ohne Sinnsysteme könnte die Psyche ihre eigene Komplexität nicht binden und hätte keine Möglichkeit zu entscheiden, was sie als nächstes beobachten will.

Wille ist in dieser Hinsicht auch ein solches Sinnsystem: Ein Metamodell – also ein Modell über die Selektion von Bewusstseinsinhalten und Verhalten –, durch welches wir unsere sich stetig verändernden Bewusstseinsinhalte ordnen und ausrichten können. Anders formuliert: Wille ist die Fähigkeit, sich stetig verändernde Bewusstseinsinhalte und Bedeutungen in der Raum-Zeit unter einem Ziel und einem Sinn selegieren zu können. Wille 2 ist dabei viel weniger als Wille 1 an ein starres Ego und starre Selektionsmechanismen gebunden. Das *Post-Ego* ist frei, sich aktual neuen Bedeutungen und Sinnzusammenhängen anpassen zu können und sie in die eigenen Ziele zu integrieren. Ganz allgemein differenziert sich mit Wille 2 die mit Wille 1 gewonnene Fähigkeit, bewusst und zielorientiert Sinn anzuwenden. Diese Steigerung von Sinnanwendungen zeigt sich in einer Fähigkeit, die ich in Anlehnung an Dr. John C. Lilly ‚Metaprogrammierung' nennen möchte. Metaprogrammierung soll immer als „die sinnhafte Organisation von Realitäten zum Zwecke der Entwicklung des Selbst" verstanden werden.

Lilly selbst benutzte den Begriff der Metaprogrammierung ursprünglich, um die zielorientierte Veränderung des Bewusstseins – das heißt seiner Programme – vorzunehmen. ‚Abgesehen von der großen Vielfalt verfügbarer Programme, verfügen die meisten von uns über ein begrenztes Set von Programmen. [...] Ganz essentiell betrachtet, ist Metaprogrammierung eine Operation, bei der ein zentrales Kontrollsystem Hunderttausende von Programmen kontrolliert, die parallel wie simultan operieren.'[51] Ich möchte mir diesen Begriff ‚ausleihen' und ihn für jene Operationen der Psyche verwenden, deren Funktion darin besteht, die Operationen der Psyche zu steuern. Metaprogrammierung soll dabei als eine Fähigkeit betrachtet werden, die mit dem Beobachter dritten Grades und seiner Funktion emergiert, die Operationen des Beobachters ersten und zweiten Grades zu steuern.

Mit anderen Worten: Da alle unsere Selbst-Beobachtungen (als Einheit von Denken, Fühlen und Wollen) und unsere Wirklichkeiten auf Operationen unserer Psyche beruhen, beruht Metaprogrammierung auf der Fähigkeit, jene Operationen zu navigieren, die für diese Beobachtungen von Selbst und Wirklichkeit relevant sind. Ich möchte den Begriff der Metaprogrammierung also nutzen, um die die zielorientierte Veränderung von Realitäten zu kennzeichnen. Metaprogrammierung ist eine kognitive Fähigkeit, die sich aus der Bewusstheit über den Verlauf der eigenen psychischen Operationen ergibt.

Eine Menge von zusammengehörenden psychischen Operationen, die zu der Wirklichkeitskonstruktion beitragen, nenne ich ein psychisches *Programm*. Die Funktion dieser Programme ist die Konstruktion der psychischen Wirklichkeit. Metaprogrammierung ist dann die Anwendung dieser Bewusstheit zu dem Zwecke, jene psychischen Programme bewusst umzuprogrammieren und die Realitäten der Psyche zu navigieren. Die Gesamtheit dieser Programme kann man auch mit Bernes Konzept des ‚Lebensskriptes' assoziieren, welches wir zuvor beschrieben haben. Eine Lebensskript ist in Bernes Sinne immer jenes ‚Metaprogramm', durch das wir unser Leben gestalten, wie wir es gestalten. Worauf wir also zeigen, ist der Zusammenhang zwischen diesem programmatischen Skript und den Wirklichkeiten, die das Individuum erzeugt. Viele Psychologen haben schon auf den Zusammenhang zwischen psychischen Dispositionen und dem Schicksal hingewiesen, das dem Individuum widerfährt. Es liegt nur nahe, zu konstatieren, dass sich mit einer Änderung der psychischen Disposition auch die psychische Wirklichkeit verändert.

---

51. Lilly, John C., *Programmierung und Metaprogrammierung des menschlichen Biocomputers*, S. XII, Neuenkirchen, 2008.

Die Realität des Selbst

Die Psyche erzeugt stets ihre eigenen psychischen Wirklichkeiten. Dies ist – wie wir gesehen haben – die Funktion ihrer eigenen Autopoiese. Wir hatten darüber hinaus die psychische Wirklichkeit in Informations-Raum, Realität und Inkarnation differenziert. Wille 2 heißt auch immer, die Wirklichkeit der psychischen Realität navigieren zu können. Realität konstituieren wir immer über Sinn, Sinnkonzeptionen und Sinnzusammenhänge. Mit der Änderung von Sinn – und damit zusammenhängend auch mit der Orientierung des Beobachters zweiten Grades (der immer mit Symbolen sinnhaft operiert, die in Sprache umgesetzt werden) durch den Beobachter dritten Grades – ändert sich auch die psychische Realität. Duch sinnhaftes Operieren, durch das man eine Einheit aus Vergangenheit, Gegenwart und Zukunft erzeugt, erzeugt man seine Realität. Mit jeder Änderung des Sinns ändert sich auch die psychische Realität und damit die Relationierung und Navigation von bestimmten Informations-Räumen. Nur via Sinn lassen sich Informations-Räume miteinander relationieren.

Welche Bedeutung hat diese Fähigkeit zur Realitätskonstruktion für das Selbst des Individuums? Zunächst einmal bedeutet dies, dass das Individuum über die Freiheit verfügt, alternative Beschreibungen und Sinnzusammenhänge seines Selbst anfertigen und akzeptieren zu können: Der Mensch ist nicht an bestimmte Selbst-Beschreibungen gebunden, ob diese Beschreibungen nun von anderen oder von ihm selbst angefertigt werden. Er kann die verschiedensten Selbstbeschreibungen *integrieren*. Der Mensch kann damit die soziale Realität seines Selbst navigieren, was auch bedeutet, unterschiedliche soziale Rollen zu formen, wie sie sozial passend sind und sozial erfordert werden, und *zwar unabhängig von persönlichen Rollenpräferenzen*. Seine psychische Realität zu navigieren, heißt dann immer, seine Selbstbeschreibung frei wählen und seine sozialen Rollen verändern zu können.

Diese Freiheit wirft natürlich die Frage auf, welche Beschreibung man dann schlussendlich anfertigt, wenn alle kontingent, also auch anders möglich sind? Für welche soll man sich entscheiden? Und auch diese Frage kann nur in Rückbezug auf Daimone und die psychische Evolution beantwortet werden. Es werden dann genau die Selbstbeschreibungen angefertigt, die im Einklang mit der weiteren psychologischen und kulturellen Evolution stehen. Aus der Komplexität vieler möglicher Beschreibungen erwächst die Emergenz von ganz bestimmten Beschreibungen, nämlich jenen, die die weitere Evolution fördern und vorantreiben.

Das wahre Selbst definiert sich dann nicht durch bestimmte Selbstbeschreibungen, sondern durch die Freiheit von Bindungen an bestimmte Selbstbeschreibungen und damit durch die Möglichkeit, alle Beschreibungen des Selbst integrieren zu können. Aus diesem Grund ist ein wahres Selbst auch immer ein integrales Selbst. Es ist nicht daran gebunden, einige Modelle einzuschließen, während es andere ausgrenzt. Es hat die Fähigkeit zur Indifferenz gegenüber Selbstbeschreibungen und dadurch die Freiheit der Wahl von Selbstbeschreibungen. Es kann empfindsam sein, wenn es die Situation erfordert und kann dennoch aggressiv für evolutionäre Wachstumshierarchien kämpfen. Es kann sich mit weiblichen Eigenschaften ebenso identifizieren wie mit männlichen Rollenbildern. Was auch heißt, dass ein solches integrales oder wahres Selbst immer über eine Modellvielfalt verfügt, um sich selbst anders beschreiben zu können. Es ist nicht an bestimmte Beschreibungen gebunden.

5. Das wahre Selbst

Meditation ist nicht, wie etwa die Psychoanalyse, eine Aufdeckungstechnik. Es geht hier nicht in erster Linie darum, die Verdrängungsschranke zu heben und den Schatten ans Licht zu bringen. Das kann geschehen, aber es kann auch ausbleiben. Das Hauptziel ist vielmehr, das ego-zentrierte Geschehen überhaupt zu suspendieren, damit das ego-überschreitende oder transpersonale Bewusstsein sich bilden kann und schließlich der Zeuge, das Selbst, entdeckt wird. [Ken Wilber, Das Wahre, Schöne, Gute]

Wie alle post-egoischen Entwicklungsstufen des Gesamtselbst[52] verfügt auch das wahre Selbst über die Elemente Kognition, Emotion und Volition. Wir wollen einen kurzen Blick auf die Erscheinungsform dieser drei Bereiche des wahren Selbst werfen. Dabei wollen wir uns ganz allgemein und von einer *subjektiven* Perspektive aus an diese Bereiche annähern und die drei Bereiche charakterisieren als: Klarheit des Denkens, Authentizität des emotionalen Ausdrucks und Mühelosigkeit des Handelns und der Konzentration.

Klarheit des Denkens

Klarheit bezieht sich immer auf die Klarheit der Kognition und findet sich dabei ebenso in der logischen Analyse wie in der Verwendung der Sprache, Kreativität im Allgemeinen wie auch in moralischen Zielstellungen und in funktionalen Methoden, diese Ziele auch zu erreichen. Klarheit zeichnet sich ganz allgemein durch eine besondere Form des Denkens (und damit der Erkenntnisfähigkeit) aus, die das formal-operationale Denken, das im Wesentlichen auf dem aristotelischen ‚Entweder-Oder' basiert, übersteigt und als ‚Sowohl-als-auch'-Denken charakterisiert werden könnte. Ken Wilber nennt diese neue, in unserem Sinne post-egoische Kognitionsform *Schau-Logik,* und diese Klarheit der Kognition ist ein ganz wesentliches Charakteristikum von Wille 2. Worin kennzeichnet sich diese neue Art der Kognition?

---

52. Siehe Grafik 1, Seite 17.

Da das wahre Selbst über die Kapazität verfügt, im Sinne des ‚Sowohl-als-auch' denken zu können, schließt es auch die Fähigkeit mit ein, integral denken und beobachten zu können. Widersprüche können auf höherer Ebene vereint und integriert werden, so dass das ‚große Ganze' in Erscheinung tritt. F. Buckminster Fuller war es, der aufzeigte, dass unser ganzes Bildungswesen auf dem Prinzip und der Idee basiert, Spezialisten zu erzeugen. Spezialist zu sein bedeutet, in einem Teilbereich menschlicher Erfahrung, z.B. als IT-Techniker oder als Genforscher oder als Gärtner, herausragende Fähigkeiten zu haben, und zwar durch stete Differenzierung mittels der aristotelischen Methode des ‚Entweder-Oder'. Diese Art von Ausbildung hat auch ihre Schattenseite, die ganz einfach darin besteht, dass dem Individuum die Möglichkeit genommen wird, ganze Zusammenhänge oder eben Ganzheiten erkennen zu können.

Der bedeutendste Aspekt der post-egoischen Kognition besteht dann darin, sich der Konstruktionen der psychischen Wirklichkeiten und der Autopoiese der Psyche bewusst zu sein. Mit anderen Worten: Das Individuum hat die Fähigkeit erlangt, die Autopoiese der eigenen Psyche als *Ganzes* beobachten und beschreiben zu können. Das heißt, die Psyche erzeugt sich und ihre Wirklichkeiten durch Beobachtung und Beschreibungen selbst, doch dies ist eine Erkenntnis, die erst mit dem wahren Selbst emergiert. Diese Bewusstheit kennzeichnet einen bedeutenden Schritt in der Entwicklung des Selbst, denn sie befähigt das Individuum, für alles, was es beobachtet, die Verantwortung zu übernehmen.

Ein Kennzeichnen dieses Wandels, der die selbstreferentielle Natur des Beobachtens ins Bewusstsein rückt, liegt darin, dass effektivere, d.h. schneller funktionale Lösungen für Problemsituationen gefunden werden können. Probleme können dabei nicht mehr als persönliche Dispositionen, sondern als evolutionäre Erfordernisse betrachtet werden und, ungetrübt von Emotionen, gelöst werden. Denn der Zirkel selbstreferentiellen Beobachtens, der mit der Bewusstheit über die Autopoiese der eigenen Psyche aufkommt, wird dann durch den evolutionären Gedanken überwunden, nämlich das die eigene psychische Evolution nur im Kontext der Evolution der Kultur gedeutet werden kann, und umgekehrt.

Authentizität der Emotion

Authentizität bezieht sich immer auf den zweiten Bereich des Gesamtselbst, also auf Gefühle und den Ausdruck der Gefühle (Emotion). *Authentizität* heißt, folgt man dem Psychologen Richard Bandler, dass dieselbe Mitteilung über alle Kommunikationskanäle ausgedrückt wird: im sprachlichen Ausdruck, der Körperhaltung, Gebärden, Atmung, Augenbewegungen etc.

Ein weiteres Charakteristikum der Authentizität ist, wie die Familientherapeutin Virginia Satir gezeigt hat, dass das Individuum keine Trübung bestimmter Gefühle mehr hat. Satir kam zu der Erkenntnis, dass nahezu jede Familie über mindestens einen Gefühlsbereich verfügt, der nicht ausgedrückt werden darf oder kann. Bei der einen Familie ist die Aggression, bei der anderen ist die Trauer verboten, bei der dritten der Ausdruck von Angst. Das authentische Individuum, ist indes fähig, alle Gefühle und Emotionen passend zu der Situation, die sie begleiten, auszudrücken.

Weiterhin zeigen sich Authentizität auch in den emotionalen Motiven des Handelns und Wollens: Liegen dem jeweiligen Verhalten die rechten Motive zugrunde oder nicht? Ein einfaches Beispiel: Wer eine Musikband primär deshalb gründet, um Geld zu verdienen, spielt, zumindest daimonisch betrachtet, aus den falschen, weil unpassenden Gründen und wird selten ein wirklich guter Musiker. Eine solche Person handelt unauthentisch. Man sollte primär aus daimonischer Liebe zur Musik spielen. Da das wahre Selbst unter der Direktive der Weiterentwicklung und Evolution operiert, wird es versuchen, seine Daimone so einzusetzen, dass dadurch eine Weiterentwicklung der Fähigkeiten möglich wird.

Im Kontext Wille heißt all dies: Authentizität ist die Grundlage eines gesunden Umgangs mit sich selbst und den Wirklichkeiten, die man erzeugt. Ohne diese Übereinstimmung von Handlung und Motiv, ohne diese Authentizität, können nicht die Wirklichkeiten erzeugt werden, die erzeugt werden sollen – weil es dann immer Persönlichkeitsanteile gibt, die in eine andere Richtung drängen. Das heißt, es besteht immer ein direkter Zusammenhang zwischen der eigenen internen Programmierung und den Wirklichkeiten, die man erzeugt und erlebt. Und was noch bedeutsamer ist: Gerade diese Authentizität wird, wie wir sehen werden, notwendig, um den nächsten evolutionären Schritt zu gehen und die Wirklichkeit des Trans-Selbst zu erzeugen. Denn nur ein authentisches Selbst, also ein Selbst, das in voller Übereinstimmung mit sich und der Welt handelt und erlebt, vermag sich selbst zu transzendieren.

Mühelose Konzentration

Wir verstehen Wille 2 als die Einheit von Sinn, Mühelosigkeit und Verhalten. Doch wie stellt sich diese Einheit im Alltag dar? Welche Auswirkungen hat Wille 2 im Alltag und wie können wir Wille 2 begreifen? Zu diesem Zwecke möchte ich einen abermaligen Blick auf die Konzentration werfen, wie sie in der Meditation auftreten kann. Wir betrachten dabei die Meditation, weil sie, wie wir im zweiten Teil schon sahen, wie ein Spiegel unseres alltäglichen Verhaltens betrachtet werden kann.

Wir hatten, ganz allgemein, die meditative Konzentration als eine Art nach innen gerichtete Version des Willens beschrieben. Wille zeichnet sich nicht nur durch eine *externe* Verhaltenskapazität aus, sondern auch durch eine psychisch *interne* Verhaltens- oder Kognitionskapazität. Wille ist nicht nur eine Fähigkeit, mit der man sich (z.B. körperlich) in einer Welt bewegt, sondern auch eine psychisch interne Kapazität dessen, seine eigene Kognition, sein eigenes Denken und Vorstellen zu navigieren. Der Grad des Willens zeigt sich dann in dem Ausmaß oder dem Grad der Kapazität, sich zu konzentrieren.

Insofern haben wir im zweiten Teil dieses Buches festgestellt, dass Wille 1 mit einer bestimmten Konzentrationsstufe korreliert und haben diese Konzentrationsstufe 1 anschließend in quantitativer wie in qualitativer Hinsicht definiert. Quantitativ zeigt sich Konzentration 1 in der Meditation dann, wenn man während einer Stunde nicht nur keine gedanklichen Unterbrechungen der Aufmerksamkeit auf das Meditationsobjekt hat, sondern darüber hinaus während einer Phase von mindestens einer Minute frei von allen Störungen ist. Mit ‚Störungen' meinen wir Gedanken, die die Aufmerksamkeit zwar nicht unterbrechen, jedoch im Hintergrund weiterlaufen. Man kann, beispielsweise, über die ganze Meditation hinweg die Aufmerksamkeit auf einen blauen Punkt gerichtet halten, und doch im Hintergrund an das Mittagessen denken, ohne dass sich der Fokus von dem blauen Punkt verschiebt. Konzentration 1 beginnt also in quantitativer Hinsicht da, wo es mindestens einen Moment in der Meditation gibt, bei dem keine Hintergrundstörungen für mindestens eine Minute auftreten. In qualitativer Hinsicht beginnt Konzentration 1 dann, wenn man mindestens einmal in der Meditation in einen Flow-Moment auf das Meditationsobjekt kommt, der die Bindungen und Grenzen des Egos auflöst.

Weil Konzentration eine Version des Willens darstellt, ändert sich mit jeder Änderung des Willens auch die Konzentration und – anders herum – mit jeder neuen emergenten Form der Konzentration auch der Wille. Man kann, mit anderen Worten, über das Training und die Emergenz von Konzentration 2 auch Wille 2 initialisieren, oder über das Training und die Emergenz von Wille 2 die Konzentrationsstufe 2 hervorrufen – es kommt darauf an, wo man beginnt. Tatsächlich aber ist das eine immer eine Spiegelung des anderen, ein Fraktal, das aus verschiedenen (Höhen-)Perspektiven gleich aussieht. Ändert man das eine, ändert man auch das andere. Die psychische Kapazität aber ist bei dem einen wie dem anderen dieselbe.

In diesem Sinne finden wir äquivalent zu Wille 2 nun Konzentration 2. Konzentration 2 bedeutet mühelose Konzentration. Konzentration 2 heißt in qualitativer Hinsicht, über einen langen Zeitraum jenen Flow auf das Meditationsobjekt aufrechterhalten zu können, der bei Konzentration 1 emergierte. Das Individuum kann in der Meditation mühelos und ohne Anstrengung oder Selbstbindung seinen Flow auf das Meditationsobjekt lenken. In quantitativer Hinsicht heißt dies: Das Individuum kann nicht nur über eine Stunde frei von Unterbrechungen seine Aufmerksamkeit auf das Meditationsobjekt richten, sondern er kann auch über mindestens 30 Minuten frei von allen psychischen Störungen sein. Dies ist die psychische Kapazität von Wille 2. Mühelose Konzentration heißt, mühelos den Flow auf das Meditationsobjekt aufrechterhalten zu können.

Mit anderen Worten: Konzentration 2/Wille 2 ist die Fähigkeit, keine internen (Selbst-) Beschreibungen anfertigen zu müssen, während man seine Aufmerksamkeit auf ein Objekt seiner Wahl fokussiert. Es ist die gesteigerte Fähigkeit, die die Freiheit verleiht, nicht denken oder sich Dinge vorstellen zu müssen, während man auf ein Meditationsobjekt zufließt. In diesem Zusammenhang ist es ganz bedeutsam hervorzuheben, dass wir über unsere internen Gedanken und Vorstellungen unsere Ich-Identität erzeugen. Verändern wir diese Gedanken und Vorstellungen, dann verändern wir auch unsere Ich-Identifikation. Und tatsächlich ist es genau das, was mit Konzentration 2 geschieht: Anstatt uns über unsere alltäglichen Gedanken und Vorstellungen zu identifizieren, ersetzen wir diese Gedanken durch das Meditationsobjekt und erzeugen so eine Freiheit von der Ich-Identifikation. Auf dieselbe Art und Weise, wie wir vorher unsere alltäglichen Gedanken gedacht haben, denken wir nun konstant das Meditationsobjekt ... und werden zu diesem. Wir ersetzen den einen Prozess durch den anderen. Waren unsere alltäglichen Gedanken bisher das Ganze und das Meditationsobjekt ein Teil, ist aus diesem Teil nun das Ganze geworden: Es verbleibt nichts als das Meditationsobjekt.

Müheloses Handeln

Müheloses Handelns heißt stets, um es mit Buckminster Fuller zu sagen, dem evolutionären Prinzip der *Ephemeralisation* zu folgen, das heißt, immer mehr mit immer weniger zu erreichen. Nach Fuller ist die Ephemeralisation ein grundlegendes Prinzip menschlicher Evolution. Ein einfaches Beispiel für Ephemeralisation finden wir in der technischen Entwicklung, wo mit immer weniger Material oder Aufwand immer mehr erreicht werden kann. Mussten Anfang des letzten Jahrhunderts noch abertausende Tonnen Kabel im Atlantik verlegt werden, um Telefonübertragungen überhaupt erst zu ermöglichen, kann heute ein Satellit mit weitaus weniger Material weitaus mehr Menschen telekommunikativ miteinander verbinden. Ephemeralisation tendiert in psychischer Hinsicht dazu, „Alles mit Nichts zu tun“[53], eine Beschreibung, die uns aus dem Taoismus und dem Konzept des Nicht-Tuns bekannt ist. Dieses Phänomen stellt etwas dar, das wir in diesem Buch Wille 3 nennen.

Müheloses Handeln besteht immer darin, mehr von Etwas mit weniger Aufwand zu schaffen – deshalb ist es mühelos. In diesem Fuller'schen Sinne ist ein müheloses Handeln auch ein ‚syntropisch-kollektives' Handeln, denn es ist nicht nur auf einen in der Zukunft liegenden Zustand besserer Organisation ausgerichtet, sondern erreicht dieses Ziel durch kollektive Arbeit, also in Übereinstimmung mit den Erfordernissen der Gesellschaft. Das macht es so einfach. Wie Fuller selbst feststellte: Je mehr Leuten er diente und seine Arbeit widmete, desto effektiver wurde er, desto erfolgreicher wurden seine Strategien. Und er hielt in seinen ‚Self-Principles' fest:

53. Buckminster Fuller, R., *Critical Path*, S. 234, St. Martins Press, 1981.

> Ich versuchte nie, irgendeine meiner Ideen oder Kunstwerke zu ‚verkaufen' oder zu ‚promoten', noch irgendjemand dafür zu bezahlen, dies zu tun. Ich wollte niemals irgendwelche Agenturen engagieren, die Publicity für mich erzeugen sollten, noch irgendwelche Verkäufer oder irgendein Personal, das für mich wirbt. Alle Unterstützung, die ich erfahre, muss spontan erzeugt werden dadurch, dass die Evolution meine Erfindungen mit der Gesamtheit der Evolution der menschlichen Bestrebungen integriert.[54]

Müheloses Handeln basiert immer auf ‚Konstrukt-Bewusstsein' (Cook-Greuter) und geschieht in Übereinstimmung mit den Regungen und Erfordernissen der Gesellschaft. Eine bedeutende Konsequenz liegt dabei darin, dass ein konstrukt-bewusstes Individuum sich darüber im Klaren ist, dass sein eigener ‚Charakter', sein ‚Ego' und sein ‚Selbst' psycho-soziale Konstrukte und dadurch extrem durchlässig sind. Charakter, Selbst und Ich-Vorstellungen können immer im Kontext von Sinn und Zielen angepasst werden, wodurch interne Widerstände gegenüber bestimmten Dingen ausgeräumt werden. Die Regeln der Autopoiese der Psyche sind bewusst und können navigiert werden. Genau dadurch entsteht müheloses Handeln. Ein post-egoisches, wahres Selbst ist immer konstrukt-bewusst. Evolutionäres Streben ist dann nicht mehr nur auf die Veränderung der Umwelt oder den Erwerb neuer Fähigkeiten ausgerichtet, sondern basiert darauf, dass das eigene Ich-Verständnis den Erfordernissen entsprechend verändert werden kann. So ein Streben bezieht sich nicht mehr nur auf Teilbereiche des Selbst, sondern auf das Selbst als Ganzes. Das wahre Selbst ist ein sich stets unter der Maßgabe autopoietisch-evolutionärer Prinzipien veränderndes Selbst. Nach Cook-Greuter verfügen weniger als 2% der US-Bevölkerung über diese Entwicklungsstufe.

Kommunikation

Als letzten Punkt in diesem Kapitel über die Eigenschaften des post-egoischen, wahren Selbst möchte ich eine Eigenschaft des wahren Selbst hervorheben, die alle drei Bereiche (Kognition, Emotion und Volition)

---

54. A.a.O., S. 125.

miteinschließt, und dies ist die Kommunikation. Die Art und Weise, wie wir kommunizieren, hängt ebenso von unserer Erkenntnisfähigkeit und unseren Modellen von der Welt ab, wie auch von unseren Gefühlen, unseren Stimmungen und Bedürfnissen, unserer moralischen Haltung und den Werten, die wir pflegen. Alle Elemente des Gesamtselbst finden in der Kommunikation ihren Ausdruck, und ein authentischer, gleichförmiger Ausdruck all dieser Elemente ist für das wahre Selbst essentiell.

Nun ist es so, dass sich mit der Entwicklung des Gesamtselbst natürlich auch unsere Fähigkeit zu kommunizieren entwickelt. Wie sich die Kommunikation entwickeln kann, ist und war Gegenstand der Forschung vieler Linguisten, Therapeuten, Soziologen und Psychologen. Wir wollen hier eine Arbeit kurz erwähnen, nicht nur weil sie einen Eindruck verschafft in die Potentiale der Kommunikationsschulung, sondern auch weil sie leicht anzuwenden ist. Ich spreche hier von der Transaktionsanalyse nach Dr. Eric Berne. Die Transaktionsanalyse bietet ein effektives Modell, das beschreiben kann, wie sich die Kommunikation des post-egoischen Selbst im Allgemeinen entwickelt und inwiefern sie sich von unserer alltäglichen Kommunikation unterscheidet.

Über die Transaktionsanalyse wurde schon sehr viel geschrieben und daher möchte ich mich auf das Wesentliche beschränken: Die Transaktionsanalyse basiert vor allem darauf, die Rollen und Kommunikationsmuster zu untersuchen, derer wir uns im Alltag bedienen, und Berne hat festgestellt, dass diese Kommunikationsmuster nicht nur tradiert sind, das heißt über Hunderte von Jahren wirken, sondern dass sich nahezu jeder dieser Muster und Rollen bedient. Hinzu kommt, dass es nur eine begrenzte Anzahl von Rollen und Kommunikationsmustern gibt, die jeder nutzen kann. Berne zeigt auf, dass die Wahl dieser Kommunikationsmuster bestimmt, welche Freunde und Bekannte wir haben (weil sie ähnliche Kommunikationsmuster präferieren) und welche Ereignisse uns im Leben widerfahren. Dies deshalb, weil diese Muster nicht nur die Kommunikation determinieren, sondern weil sie auch festlegen, wie wir uns allgemein die Zeit strukturieren und welche Schicksale wir erfahren. Im Rahmen der Transaktionsanalyse heißen diese Kommunikationsmuster im Wesentlichen ‚Spiele' (obwohl es da noch weitere Differenzierungen gibt, auf die wir aber hier nicht einzugehen brauchen. Dem Interessierten sind die Bücher *Spiele der Erwachsenen* sowie *Was sagen Sie, nachdem Sie ‚Guten Tag' gesagt haben?* zu empfehlen). Spiele haben dabei mehrfachen Nutzen: Erstens wird damit die Zeit strukturiert, was sehr wichtig ist, denn jeder von uns hat ein ganzes Leben an Zeit zur Verfügung: Und was macht man nun mit dieser Zeit? Zweitens dienen sie dazu, sich selbst in positiver oder in negativer Hinsicht mit ‚Streicheleinheiten' zu versorgen, die den Selbstwert mitbestimmen. Drittens bedingen sie die Persönlichkeitsidentifikation und damit die soziale Zugehörigkeit. Und viertens, und dies ist von höchster Bedeutung, legen die Spiele (wie auch die anderen Kommunikationsmuster) fest, wie und was wir erleben und wie wir handeln. Sie sind also die Grundbedingungen unseres Verhaltens.

In unserem Kontext ist bedeutsam, dass Berne mit seiner auf der Transaktionsanalyse aufbauenden Therapie bestrebt war, den Menschen von den Bindungen an diese sozialisierten und oftmals destruktiven Kommunikationsmuster zu befreien. Ein Mensch sollte frei sein, seine Kommunikationsweisen wählen zu können, unabhängig davon, was sozial über Eltern, Lehrer und Bekannte konditioniert wurde. Der Mensch sollte die Freiheit haben, seine Zeit unabhängig davon gestalten zu können, was ihm sein Lebensskript sagt. Berne nannte diese Freiheit von Spielen ‚Autonomie'. Autonomie war seiner Ansicht also die Fähigkeit, eben nicht auf bestimmte Rollen und Kommunikationsmuster zurückgreifen zu müssen.

Ich möchte diese Fähigkeit zur Autonomie nun als kommunikative Eigenschaft des wahren Selbst kennzeichnen, und zwar aus mehreren Gründen. Zunächst einmal dienen Spiele dazu, Zeit zu strukturieren. Das wahre Selbst hingegen operiert unter der Leitperspektive ‚Evolution' und hat sich moralisch entschieden, die eigene Zeit nicht der oftmals destruktiven Zeitstrukturierung zu widmen, sondern sich weiterzuentwickeln oder anderen zu helfen, dies zu tun. Autonomie von solchen Kommunikationsmustern eröffnet dabei viele Möglichkeiten, seine Zeit neu zu organisieren, Daimone zu entwickeln und Wille zu proaktizieren.

Darüber hinaus hat Berne festgestellt, dass solche Transaktionen, Rollen und Kommunikationsmuster im seltensten Fall authentisches Verhalten der Beteiligten involvieren. Spiele funktionieren größtenteils durch kleine Kommunikations-Tricks, die dazu dienen, sich Vorteile zu verschaffen und das Kommunikations-Spiel zu gewinnen. Auch Arthur Schopenhauer hatte schon auf die Funktion dieser Kommunikations-Tricks hingewiesen.

Das wahre Selbst ist jedoch authentisch, und das heißt, es kann seiner Moral entsprechend handeln und kommunizieren, es ist nicht mehr darauf programmiert, mit kommunikativen Tricks zu arbeiten, um das Ego zu stärken. Bei einer Person, die Wille 2 praktizieren kann, stimmen die Motive vollends mit dem Verhalten überein und es besteht kein Bedürfnis mehr, seine Zeit dadurch zu strukturieren, indem man Spiele gewinnt. Das wahre Selbst ist also nicht mehr von sozialen Streicheleinheiten (und dem Gewinn von Spielen) abhängig. Sein Selbstwert speist sich aus seiner Authentizität und dem moralischen Verhalten, das allen dient. Das Individuum – als wahres Selbst – ruht in sich selbst, ‚hat seine Mitte', und ist insofern autonom, als das dieser Selbstwert nicht von sozialer Akzeptanz abhängt. Bernes Verdienst liegt vor allem darin, mit seiner Transaktionsanalyse gezeigt zu haben, wie man über die Schulung seiner Kommunikation lernen kann, zu dieser Autonomie zu kommen.

6. Metaphysik des Daimons

Der Daimon ist eine einzigartige selbst-schöpfende Kraft, die dem menschlichen Wesen das schenkt, was an ihm einzigartig ist (daher wird er auch als eine Art geistiges Selbst betrachtet). Der Daimon strebt danach, sich mit anderen Daimonen zu vereinen, doch er kann dies nicht tun ohne die Bestimmung durch den menschlichen Verstand [Neil Mann, Yeats, A Vision: Human and Divine Images*]*

Das Gesamtselbst verfügt also, wie wir sahen, über unterschiedliche Entwicklungslinien seiner Elemente und Subelemente, nämlich Kognition, Emotion und Volition. Nun muss aber nicht zwangsläufig jedes dieser Elemente über die gleiche (post-)egoische Entwicklungsstufe verfügen. Man kann, beispielsweise und in Relation, kognitiv weiter entwickelt sein als emotional (oder umgekehrt). Der gesamte Entwicklungsstand aller Entwicklungslinien konstituiert jedoch das, was Wilber das ‚Schwerkraftzentrum' des Selbst nennt, also die allgemeine Entwicklungsstufe des Individuums. Wie wir sahen, findet im Verlauf der Entwicklung des Willens eine Verfeinerung des authentischen Handelns und Strebens im Sinne einer Verminderung von Störungen und einer Zunahme der Komplexität, Handlungskapazität und moralischen Werte und damit eine Entwicklung des Gesamtselbstes statt. Wille erscheint deshalb als die große Generalisierung evolutionären Handelns: Über Wille werden nicht nur der Wille selbst, sondern auch die anderen Entwicklungslinien des Selbst – mithin das Gesamtselbst – entwickelt. Weil Wille die treibende Kraft hinter jeder Entwicklung des Gesamtselbst ist und sich der Wille rekursiv mit der Entwicklung des Gesamtselbst entwickelt, bedarf es nur der Entwicklung des Willens, um das Bewusstsein von der post-egoischen Stufe 1 bis hin zur post-egoischen Stufe 3 zu entwickeln.

Wie wir im ersten Teil dieses Buches erörtert haben, stellt der Daimon ein ganz wesentliches Element dieser post-egoischen Entwicklung des Selbst dar. Denn in gewisser Hinsicht ist so ein Daimon ja nichts anderes als das Selbst in dem Moment, in dem es über sich selbst hinauswächst und neue Wirklichkeiten und Grenzen erzeugt. Wir wollen uns hier nun noch einmal diesem Daimon zuwenden und untersuchen, wie Mühelosigkeit, als wesentliches Charakteristikum von Wille, überhaupt aus daimonischer Perspektive zustande kommen kann. Dabei ist zu berücksichtigen, dass die Idee oder das Konstrukt des Daimons seinem

Wesen nach jeher metaphysisch war. Der Daimon lässt sich nicht mit herkömmlichen Methoden erfassen, sondern nur durch *den tatsächlichen Akt der Transzendenz.* Aus diesem Grunde müssen auch alle Überlegungen über die Beziehung des Daimons zur Welt und seinem Wirkungsfeld metaphysischer Natur sein.

So ist auch diese Behauptung im besten Sinne metaphysisch: Jeder Mensch erwirbt mit seiner Geburt das Potential, eine Menge von Daimonen zu entwickeln. Diese nach und nach zu entwickeln ist Wille 1. Wille 1 stellt sich dabei als die Einheit von Zielen, Flow und Verhalten dar und resultiert in der Navigation der Informations-Räume. Diese Menge von Daimonen indes unter der Direktive des sozial-psychischen Daimons der Evolution auszudrücken, ist Wille 2. Wille 2 ist damit der Vollzug der Direktive der Evolution: Wille wird angewandt, um sich weiterzuentwickeln.

Jeder Daimon ist dabei gleichermaßen Element der Psyche wie auch der Gesellschaft. Alle künstlerischen und wissenschaftlichen Errungenschaften sind das Resultat der Wirkungen eines Daimons und der Passung individuellen Wollens und sozialer Notwendigkeit. Unser Wille und unsere Daimone tragen immer dazu bei, Kultur zu erweitern. Es ist dabei unmöglich, die Grenzen eines Daimons zu bestimmen. Er ist der Übergang und die Schnittstelle zwischen Psyche und Gesellschaft.

Obwohl ein Daimon gleichermaßen Element von Psyche wie auch von Gesellschaft ist, stellt es sich dem Individuum, welches in konstruktivistischer Hinsicht nur Innenansichten anfertigen kann (selbst wenn es das Verhalten anderer, ‚externer' Ereignisse oder ‚Umwelten' beobachtet), so dar, dass es seine Daimone absolut selbstreferentiell steuert. Es erscheint dem Individuum, dass sein Wille in ihm vollkommen selbstreferentiell entsteht. Das Individuum kann nur aus sich selbst heraus wollen. Nur durch diese selbstreferentielle Haltung verfügt das Individuum über die Kapazität, sein Verhalten, seine Daimone und seinen Willen so zu steuern, dass Veränderungen der Psyche wie auch des sozialen Systems erzeugt werden können.

Jede Menge von Daimonen, die sich in einem Menschen konzentrieren, ist ein *Charm*. Der Ursprung dieses Charmes ist dem Individuum zum Teil transzendent. Kein Mensch ‚sucht' sich sein Talent und Genie, noch entscheidet er sich vollkommen für ein Schicksal, noch kann er bestimmen, was der soziale Organismus von ihm (daimonisch) erwartet.

Diese Differenz zwischen dem, was ein Individuum selbstreferentiell will und dem, wohin das soziale System es in fremdreferentieller Hinsicht orientiert, ist einer der fundamentalen Widersprüche der menschlichen Existenz. Ein Widerspruch, mit dem sich viele große Geister beschäftigt haben.

Obwohl es dem Individuum so erscheint, dass sich der Wille lediglich aus ihm selbst heraus gebiert, ist jedes Pulsieren und Wollen der Daimone dennoch notwendigerweise sozial. Jedes Pulsieren des Daimons findet seinen Ursprung auch im sozialen Organismus, von dem wir Teil sind, das heißt in den durch Kommunikation ausgedrückten Bedürfnissen, Notwendigkeiten und Erfordernissen der Gesellschaft, die sich selbst im Rahmen der kulturellen Evolution verändern. Gesellschaft als autopoietisches System verlangt wiederum das Wollen seiner Teilnehmer, um sich selbst verändern, entwickeln und ausdifferenzieren zu können. Dem Individuum sind deshalb einige Ursachen seines Wollens intransparent. Da es nur Innenansichten erzeugen kann, kann es auch nicht alle Ursachen seines Wollens beobachten. Das Individuum kann nur die Ursachen beobachten, die in ihm selbst liegen. Nichtsdestotrotz erscheint aus der Perspektive des Individuums der Wille und jede Wirklichkeit, die es erzeugt, vollkommen selbstreferentiell, auch wenn der Ursprung dieses Wollens fremdreferentiell und intransparent ist. Das Dilemma der Differenz Freiheit vs. Determinismus des Willens liegt darin, dass beide Positionen wahr sein können.

Ein post-egoischer Wille, der vom wahren Selbst ausgeht, ist von seiner Natur her immer Liebe, denn er entstammt nicht nur dem Transzendenten, er geht und führt auch ins Transzendente. Wahrer Wille ist der winzige Moment, der Gegenwart, Vergangenheit und Zukunft verbindet, der Funke Leben, der uns unseren Weg weist. Für den Menschen ist der Wille daher nichts anderes als die Möglichkeit, sich selbst zu finden und wieder zu verlieren. Liebe erscheint dann als nichts anderes, als sich dem Transzendenten zu öffnen. Doch es ist die Liebe, die dem Willen untersteht und nicht umgekehrt, denn eine Liebe, die sich den Willen Untertan gemacht hat, verliert sich. Ihr fehlt es an Richtung und Kraft.

Gerade weil das Pulsieren und Wollen der Daimone sozial ist und jede Menge von Daimonen, die ein Individuum entwickelt, ein in der menschlichen Geschichte einzigartiges *Charm* darstellt, ist es die Pflicht eben dieses Individuums, seine Daimone so klar und effizient zum

Wohle aller und für die Idee der Evolution sozial auszudrücken: Es muss lernen, zu tun, was es will. Dies ist die eigentliche Aufgabe der menschlichen Existenz, denn evolutionäres Wollen wird dem Menschen genauso wenig in die Wiege gelegt wie logisches Denken. Und doch sind wir alle Kinder der Evolution, die nichts anderes tun können, als diese Erkenntnis zur Maxime zu nehmen und dementsprechend zu handeln.

Mühelos wird ein Wille immer dann, wenn die separaten Daimone so eingesetzt werden können, dass sie die Evolution von allen fördern, und das heißt nicht nur *nominell,* sondern wenn sie *de facto* die Evolution fördern, also wenn die evolutionär-daimonischen Gedanken, Taten und Worte des Individuums den evolutionären Bedürfnissen der Gesellschaft entsprechen.

IV. Wille 3

Wille 3 ist die Einheit von nondualer Kognition, nondualer Emotion und non-dualer Konzentration

1. Das Trans-Selbst

Zu geistiger Offenbarung gehört der Wille, den Geist zu entfalten. [Bettina von Arnim, Clemens Brentanos Frühlingskranz*]*

Im ersten Teil dieses Buches sind wir auf den Übergang von einer repräsentationalen zu einer konstruktivistischen Willenstheorie eingegangen sowie auf die diesbezüglichen Konsequenzen für die post-egoische Entwicklung des Selbst und auf den damit zusammenhängenden Wandel von *Eros* zu *Thelema* (griech. für ,Wille'). Um es zu wiederholen: Die Evolution des Bewusstseins, die z.B. bei Kindern und bis zu diesem Zeitpunkt auch in unserer Kultur zweifellos als Resultat von *Eros* und stetig nach Emergenz strebender dynamisch-komplexer Systeme ,wie von selbst' geschieht, ist immer etwas anderes als die Evolution oder Entwicklung, die man selbst initiiert und navigiert. Kinder entwickeln sich und vollbringen in ihrem Erwachsenwerden eine gewaltige körperliche, emotionale und kognitive Leistung, dennoch ist dieses Wachstum ,blind' und von anderer Art als das selbstbewusste Navigieren der Evolution hin zu höherer Komplexität und Kommunion, zu höheren individuellen Entwicklungsstufen und größerer sozialer Gemeinschaftlichkeit. Dieses durch *Eros* bedingte Wachstum ist ,blind' deshalb, weil es ohne das Bewusstsein über die Mechanismen und die Emergenzbildung und damit ohne die Möglichkeit der Navigation geschieht. Aus diesem Grund wird aus *Eros* mit dem Beginn selbstinitiierter Navigation der Evolution *Thelema. Thelema* kann damit gewissermaßen als die Navigation von Eros gedeutet werden, und soll als solches bewusst in Abgrenzung zu *Eros* als wache Kraft verstanden werden. Mit anderen Worten: Alle prä-egoische und egoische Entwicklung des Bewusstseins basiert auf Eros. Alle post-egoische Entwicklung basiert jedoch auf Thelema, denn jede post-egoische Entwicklung des Bewusstseins kann nur unter der Einbeziehung und durch die selbst-reflexive Anwendung von Wille und des Wissens um die Prinzipien der Evolution geschehen.

Mit dem Wandel von Eros zu Thelema geschieht auch der Wandel von einer repräsentationalen zu einer konstruktivistischen Konzeption des Willens, die mindestens drei unterschiedliche Emergenzen eines post-egoischen Willens miteinschließt. Prinzipiell formt sich nun Wille 3 als neue Emergenz aus Wille 2 ebenso, wie die Ausdifferenzierung von Wille 1 zu der Emergenz von Wille 2 führte. Durch das Streben nach höherer Komplexität emergiert an einem kritischen Punkt die Notwendigkeit, genau diese neue Komplexität auch wieder zu bändigen, allerdings auf einer höheren organisationellen Systemebene.

Doch wodurch kennzeichnet sich nun die dritte post-egoische Stufe des Willens? Wie wir gesehen haben, ist ein besonderes Kennzeichen des post-egoischen Willens 1 und 2, dass sie an sich nondual sind und zwar in dem Sinne, als dass die Differenzen von Subjekt und Objekt *im Willensakt* aufgehoben wurden. Wille 1 charakterisierte sich, durch Flow, Wille 2 durch Mühelosigkeit: Beides sind Formen nondualen Operierens. Der Unterschied zwischen Wille 1 und Wille 2 liegt indes in der Qualität und der Quantität, mit der diese Nondualität erzeugt werden kann: kurzfristig bei Wille 1 und mittelfristig bei Wille 2. Mühelos ist ja Wille 2 genau deshalb, weil mühelos immer wieder Flow erzeugt werden kann, und Flow selbst ist ein nonduales Moment, wo Subjekt und Objekt miteinander im Handeln verschmelzen. Wille 3 kennzeichnet sich damit dadurch, langfristig nondual handeln zu können. Wille 3 wird dabei immer über selbstlose, daimonische Arbeit realisiert. Es ist der intime Drang jedes Daimons, stets weiterzustreben und die Nondualität langfristiger und ganzheitlicher, also die ganze Psyche betreffend, zu erfahren. Diese Selbstlosigkeit kann über Arbeit, Liebe, Meditation oder Erkenntnis erlangt werden, was in etwa auch die vier wesentlichen Pfade des hinduistischen Yogas wären[55]. Doch worin besteht diese Selbstlosigkeit? Wie lässt sich das Trans-Selbst charakterisieren, das diese Form des Willens erzeugt? Dies sind die Fragen, denen wir uns im kommenden Teil des Buches widmen wollen.

Differenzen

Beginnen wollen wir mit dem Hinweis, dass es noch in der Natur des wahren Selbst liegt, dual zu sein und in Form von Differenzen zu operieren. Welcher Art sind diese Differenzen? Wille 2 basiert zwar immer auf der Idee der Erweiterung nondualen Operierens via Flow oder via Mühelosigkeit, doch erfährt sich das wahre Selbst noch nicht in einer Einheit mit dem Kosmos. Es erfährt sich als separate Einheit, unterscheidbar vom Kosmos.

Das wesentliche Kennzeichen des Trans-Selbst liegt darin, dass es eine vollständige nonduale Einheit mit der Welt geformt hat und dass die

55. Also Karma-Yoga, Bhakti-Yoga, Jnana-Yoga und Raja-Yoga.

Differenz von Selbst und Welt in einer höheren Form von Einheit aufgelöst wurde[56]. Im Gegensatz dazu ist die Unterscheidung zwischen Selbst und Welt beim wahren Selbst noch vorhanden, auch wenn es versucht genau diese Unterscheidung aufzulösen. Eine weitere Differenz, derer sich das wahre Selbst bedient, die aber das Trans-Selbst transzendiert hat, ist die Unterscheidung zwischen der lokalen und nonlokalen Domäne des Geistes. Wir kommen gleich darauf zurück.

Wille ist unser Instrument, mit dem wir unsere Möglichkeiten und die Kontingenz der Zukunft auflösen. Nur durch den Willen werden die prinzipiell unendlichen Möglichkeiten ins Endliche überführt und für uns – im wahrsten Sinne des Wortes – greifbar. Und genau in diesem Kontext finden wir den dualen Gedanken, der uns Wille im Allgemeinen begreiflich macht: bei der Differenz von Nonlokalität und Lokalität, von Nontemporalität und Temporalität. Alles Zukünftige ist zukünftig nur deshalb, weil wir es so denken. Das Mögliche des Zukünftigen ist nur nonlokal und nontemporal – eben als Möglichkeit.

In diesem Sinne unterscheidet das post-egoische wahre Selbst auch nicht nur zwischen dem Selbst, welches den Willen erzeugt, und der Wirklichkeit, die durch eben diesen Willen erzeugt wurde, sondern auch zwischen Psyche und Welt, einem scheinbaren Gegensatzpaar, das doch ohne einander nicht denkbar ist. Aus der biologischen Evolution des Gehirns emergiert die Evolution der Psyche. Die Nondualität des Trans-Selbst zeigt sich darin, dass all diese Differenzen psychisch intern in eine höhere Ordnung transzendiert und emergiert werden können und im nondualen Willen 3 ihren Ausdruck finden. Und mit der Transzendierung dieser Differenzen ändert sich auch das Bewusstsein um die Ursache des Willens. War Wille 2 noch auf das Selbst *einfach* zurechenbar, so ist dies bei Wille 3 nicht mehr der Fall. Wille 3 – bzw. die Zurechnung auf das Selbst als den Ursprung des Willens –wird *komplex*.

Komplexität

Erinnern wir uns an die Bedeutung des Begriffs ‚Komplexität'. Luhmann definiert den Begriff der Komplexität immer auf der Basis der Begriffe Element und Relation, die für ihn konstituierend für Systeme im

56. Ken Wilber nutzt für diese Entwicklungsstufe häufig den Begriff ‚Bewusstsein Dritten Ranges'.

Allgemeinen sind. Das heißt, *„bei Zunahme der Zahl der Elemente, die in einem System oder für ein System als dessen Umwelt zusammengehalten werden müssen, stößt man sehr schnell an eine Schwelle, von der ab es nicht mehr möglich ist, jedes Element zu jedem anderen in Beziehung zu setzen"*[57]. Als ‚komplex' wird dann eine Menge von Elementen verstanden, in der nicht alle Elemente mit allen anderen relationiert werden können.

In diesem Sinne wollen wir formulieren, dass Wille 3 immer komplexer Natur ist. Er ist es in dem Sinne, dass nicht alle Ursachen des Willens im Selbst liegen. Der wesentliche Erkenntnisgewinn und Freiheitsspielraum, der sich durch die Emergenz von Wille 3 ergibt, liegt also darin, dass die (interne) Differenz von Selbst/Wirklichkeit/Kosmos aufgehoben wurde. Da es sich bei diesen Phänomenbereichen um auf Unterscheidungen basierende Zuweisungen handelt, kann diese Unterscheidung im Prinzip auch wieder aufgehoben werden. Dies ändert dann (oder kann es potentiell) die Zurechnung auf Wille. Wir wollen dies durch den Begriff des ‚Prozesses' erläutern.

Genauer: Zum Zwecke einer Kennzeichnung von Wille 3 wollen wir seinen prozessualen Charakter untersuchen. Was bezeichnet, in einem systemtheoretischen Kontext, der Begriff ‚Prozess'? Auch hier werde ich mich im Folgenden hauptsächlich an die Konzeption des Systemtheoretikers Niklas Luhmann halten. Seiner Auffassung nach *„soll von einem Prozess immer dann die Rede sein, wenn Ereignisse sich miteinander verketten, oder genauer: Wenn die Selektion eines Ereignisses die eines anderen ermöglicht."*[58] Das heißt, ein Prozess ist immer eine Menge von vielen Ereignissen, die ihm zugerechnet werden. Luhmann selbst definierte dabei auch ausgiebig den Begriff des Ereignisses, doch für unsere Zwecke ist es vollkommen ausreichend, wenn wir von einem intuitiven Verständnis ausgehen: Ein Ereignis wollen wir einfach als ein Phänomen in der Zeit, also als ein temporäres Element, begreifen.

Wir können diesen Begriff des Prozesses sehr leicht auf unsere Alltagsvorstellungen anwenden. Die Fertigung eines Automobils lässt sich als Prozess beschreiben, da viele Ereignisse (und Elemente) zusammenwirken, um das fertige Produkt entstehen zu lassen. An einer Station wird Metall geschnitten, an einer weiteren gepresst, an einer dritten werden Teile zusammengeschweißt. Nur dadurch, dass Einzelteile auf

---

57. Luhmann, Niklas, *Soziale Systeme,* S. 46, Frankfurt a. M., 1984.
58. A.a.O., S. 482.

diese Weise hergestellt wurden, kann das Chassis entstehen. In dem Sinne ermöglicht jede Selektion [von Handlungen und Fertigungen] eine andere. In das Chassis werden dann in anderen Arbeitsschritten Innenausstattung, Motor etc. eingefügt, und das Ganze nennen wir einen Herstellungsprozess.

Das Endergebnis des oben beschriebenen Herstellungsprozesses ist das Auto selbst. Wir können den Begriff aber auch auf physikalische, biologische, psychologische, wirtschaftliche etc. Phänomenbereiche anwenden. Jeder Prozess resultiert dabei in einem fertigen Produkt. Bemerkenswert ist nun dabei, dass man in Bezug auf solche Ergebnisse niemals sagen kann, sie hätten eine einzige Ursache. Offensichtlich hat ein einzelnes Auto als neues Resultat eines Herstellungsprozesses mehrere Ursachen und nur ein Teil von ihnen liegt in der Fertigungsanstalt. Andere Ursachen liegen in der kreativen Vorstellungskraft von vielen Ingenieuren, zurück bis zu den Vorstellungen von Mr. Ford und sogar noch weiter, denn auch die innovativen Ideen (als das Resultat eines kulturellen Entwicklungs- wie psychologischen Denkprozesses) von Mr. Ford hatten ihrerseits viele Ursachen.

Ursachen

Es zeigt sich also, dass die Verwendung des Begriffs ‚Ursache' letztlich immer die Komplexität der in dem Prozess involvierten Ereignisse reduziert. Was vorher nicht zu relationieren war, wird durch die Verwendung des Modells ‚Ursache' relationierbar. Doch wie wir gesehen haben, hat nichts nur eine einzige Ursache. Jedes Ereignis – als Resultat eines vorhergehenden Prozesses – hat viele, möglicherweise fraktalhaft sich steigernde Ursachen, je genauer man hinschaut.

Ich möchte nun Wille 3 als einen Prozess beschreiben, dessen Resultat gleichermaßen das nonduale Trans-Selbst und die Fähigkeit, die psychische Wirklichkeit der Inkarnation zu verändern, darstellt. Dieser Prozess hat nun aber mehrere Elemente oder Ereignisse. Einige – aber nicht alle – Ereignisse liegen im Individuum begründet, zum Beispiel in Form von Sinn und Zielen, von Intensität, Konzentration, Flow, daimonischem Handeln etc. Andere Elemente des Willens liegen nicht im Selbst begründet.

Wille 3 – möglich durch die Auflösung der Differenz von Selbst und Welt – kennzeichnet sich im Verhältnis zu Wille 2 also dadurch, dass es Ursachen des Willens gibt, die nicht mehr nur im Selbst begründet liegen. Mit anderen Worten wollen wir von Wille 3 immer dann sprechen, wenn durch Auflösung und Überwindung der Differenzen von Selbst und Welt Freiheitsspielräume für die Psyche entstehen. Welche Formen und welche Möglichkeiten sich durch die Öffnung dieser Freiheitsspielräume ergeben, wollen wir gleich kennzeichnen.

In diesem Kontext wollen wir hier die Konzeption des Daimons verfeinern: Der Begriff des Daimons soll das Streben zur Transzendenz der Unterscheidungen ‚Selbst/Welt' bezeichnen. Allgemeiner formuliert: Wir sind es gewöhnt, unseren Willen unserem Selbst zuzurechnen. Wer anders als wir selbst sollte für unseren Willen verantwortlich sein? Doch was wir auch immer wieder unter ‚Selbst' verstehen, ist es vor allem eine sprachlich-modellhafte Konstruktion, und mit der Transzendierung dieser Konstruktion wird auch die Ursache des Willens anders zurechenbar. Das post-egoische Trans-Selbst emergiert dann mit der Transzendierung der Differenz ‚Selbst/Welt'.

2. Der Große Wille

Der ganze Mensch ist die Erscheinung seines Willens. So kann nichts verkehrter sein, als etwas Anderes sein zu wollen als das, was man ist. Denn das wäre ein unmittelbarer Widerspruch des Willens mit sich selbst. Der Wille als das Ding an sich macht das innere, wahre und unzerstörbare Wesen des Menschen aus. [Arthur Schopenhauer – Die Welt als Wille und Vorstellung*]*

Wille 3 ist die letzte Stufe der post-egoischen Entwicklung des Willens. Wie wir gesehen haben, bringt Wille auf jeder Entwicklungsstufe eine Einheit von Selbst und Welt mit sich. Wille 1, passioniertes, zielorientiertes Handeln, erzeugt aktual immer eine (kurzfristige) Einheit von Objekt und Subjekt. Wille 2 weitet dieses Moment aus, indem das Leben zu einem Reigen der Daimone wird und eine Einheit des Strebens der Psyche und der Gesellschaft stattfindet. Hinzu kommt bei Wille 2: Das wahre Selbst erkennt, dass es seine eigenen psychischen Wirklichkeiten erzeugt, und lernt, diese zu navigieren, wobei die Einheit von Selbst und Welt noch nicht ganz vollständig ist. Immer noch wird zwischen dem Selbst (als eine distinkte Einheit) und der Welt (als eine weitere Einheit) unterschieden – ‚Hier bin ich, erzeuge meine Wirklichkeiten, dort ist der Kosmos, über den ich nur in Wahrscheinlichkeiten reden kann, den ich aber nicht leugnen kann.' Diese letzte Differenz zu transzendieren, diese Unterscheidung indifferent beobachten und indifferent auflösen zu können, ist Wille 3 oder der Große Wille. Wille 3 ist damit die Fähigkeit, nicht mehr in der Form ‚Selbst/Welt' denken zu müssen. Dadurch wird die Bewusstheit darüber erzeugt, was durch diese Differenz verborgen wurde: Nämlich die Einheit des GEISTES und aller seiner Manifestationen.

Mit Wille 2 emergiert die erste *Vision* des Großen Willens, unscharf noch, doch deutlich genug, um das Wesen des Großen Willens zu erkennen. Worin besteht diese Vision? Der Große Wille ist die Vision um die Wandlung aller Phänomene, grenzenlos, ohne Anfang, ohne Ende. Es ist das Vorwärtsstreben und ewig Pulsierende von allem Existierenden und allem Bewusstsein in der Spirale des Lebens und Entwicklung. Der Große Wille ist nondual in seiner Natur.

Die Vision vom großen Willen

Der Große Wille durchdringt alles, ist das Agens aller Entwicklung, umfasst Eros und Thelema, steht hinter der Entwicklung der Einzeller bis zum Säuger, hinter dem Wachstum unserer Kultur und der Evolution und der Wachstumsspirale der Psyche und des Bewusstseins. Der Große Wille ist nondual, unterscheidet nicht zwischen Lokalität und Nonlokalität und zwischen Temporalität und Nontemporalität.

Der Große Wille ist die nicht-dualistische Einheit von Geburt und Zerstörung, von Leben und Tod. Er findet sich in Kali, die ihre eigenen Kinder verschlang. Er findet sich bei Saturnus, der dasselbe mit seinen Kindern tat. Er ist die Einheit des tibetischen *yab* und *yum*. Hinter dem Abyss, der das Nonduale von dem Dualen trennt, ist alles Loslösung und die reine Freude der Existenz. Dort ist alles gleichermaßen Schöpfung und Zerstörung. Das Eine kann nicht ohne das Nicht-Eine gedacht werden. Jede Geburt von etwas Neuem zerstört gleichzeitig etwas anderes und alles, was zerstört wurde, ermöglicht die Neugeburt von etwas anderem. Jeder kann eine Vision vom Großen Willen haben:

Setz dich in die Meditation und öffne dich dem Teil deines Selbst, der der Große Wille ist. Sirh, höre und begreife, wie alles wächst, wie alles stirbt und damit Platz für neues Wachstum macht. Sieh den Strom des Wandels. Sieh die Menschen sterben und wachsen, die Bäume, Gräser und Tiere. Sehe Kulturen erwachsen und niedergehen. Sieh Sonnen aus den Nebeln entstehen und in Nebel vergehen. Sieh das Pulsieren des Universums. Fühle den großen Strom, der immer war, immer ist und immer sein wird, den großen Strom, aus dem die Wandlung alles Manifesten entsteht. Erkenne, dass du dieser Strom bist, dass dein Wille, dein Wachsen immer Teil und Ganzes dieses großen Stromes sind, denn nur durch dein Streben kannst du ihn erkennen. Es gibt keinen Unterschied zwischen dir und dem Strom, wie es auch keinen Unterschied zwischen dem Pulsieren allen Lebens und deinem eigenen Pulsieren gibt …

Wie man in der Figur 1 auf Seite 9 sehen kann, verfügt jede post-egoische Entwicklungsstufe des Gesamtselbst auch über unterschiedliche Entwicklungsstadien von Kognition, Emotion und Volition. Jede einzelne Entwicklungslinie des post-egoischen Trans-Selbst führt dabei zum Nondualen: zur nondualen Kognition, nondualen Emotion und nondualen Volition. Um diese nondualen Entwicklungsstufen der Elemente des Gesamtselbst besser zu begreifen, möchte ich kurz auf die Arbeit von Zenmeister Genpo Roshi eingehen, der erst kürzlich eine neue Methode ersonnen hat, bestimmte Aspekte des erleuchteten, non-dualen Bewusstseins kurzfristig zu elizitieren.

Roshi nennt die nonduale Kognition nun ‚Big Mind' und die nonduale Emotion ‚Big Heart'. Bevor wir uns eingehender mit der Konzeption Roshi's befassen, möchte ich zur Vereinfachung folgende Grafik einfügen, die Roshis Konzeption integriert:

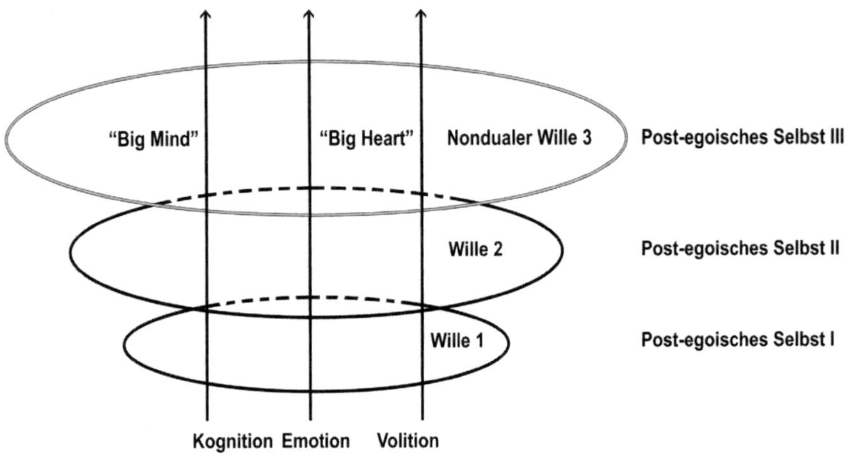

Wie wir im Verlaufe dieses Buches immer wieder erwähnt haben, kann man das Gesamtselbst als Einheit von drei großen Bereichen beobachten, nämlich Kognition, Emotion und Volition. Dementsprechend können wir jeweils drei nonduale Emergenzen dieser Bereiche finden, die als solches das Trans-Selbst charakterisieren: Nämlich Big Mind (Kognition), Big Heart (Emotion) und den Großen Willen oder Wille 3 (Volition).

Nonduale Stimmen

Genpo Roshi ist der Schöpfer einer buddhistischen Dharma-Technik, die als ‚Big-Mind-Prozess' bekannt geworden ist. Der ‚Big-Mind-Prozess' ist eine Synthese von Gestaltpsychologie und Zen-Buddhismus und basiert darauf, dem Individuum eine direkte und unmittelbare

Erfahrung des non-dualen Bewusstseins (GEIST, Brahman-Atman, Nuit, das Absolute, kosmisches Bewusstsein, ... je nachdem, wie wir es benennen) zu ermöglichen. Normalerweise dauert es mehrere Jahre hingebungsvollen Strebens, bis ein solches Entwicklungsstadium erlangt werden kann. Der ‚Big-Mind-Prozess'[59] zeichnet sich jedoch dadurch aus, dass diese Anwendung nur wenig Zeit in Anspruch nimmt und als eine Art Gipfelerfahrung leicht in den Alltag übertragen werden kann.

Die Kernidee von Genpo Roshi zeigt sich in der Auffassung, dass der Geist über verschiedene Aspekte – also auch die, die wir zukünftig erreichen wollen – bereits verfügt. Der ‚Big-Mind-Prozess' besteht im Wesentlichen darin, ähnlich wie in der Gestaltpsychologie, bestimmte nonduale Aspekte der Psyche anzusprechen und sich frei im Bewusstsein entfalten zu lassen. Jeder kann so innerhalb weniger Minuten ganz basale, nonduale Aspekte des Selbst anrufen und durch diese Gipfelerfahrung einen Einblick in die nonduale Natur des Bewusstseins generieren. Als die beiden hauptsächlichen nondualen Bewusstseinszustände kennzeichnet Genpo Roshi nun wie gesagt *Big Mind* – den klaren, alle lokalen, nonlokalen, temporalen und nontemporalen Phänomene umfassenden nondualen Geist, der ohne Anfang, ohne Ende und grenzenlos ist – und andererseits *Big Heart* – die grenzenlose, selbstlose und bedingungslose Liebe allem Existierenden gegenüber. In unserem Sinne kann man also sagen, dass Roshi die Entwicklungslinien der Kognition und Emotion im Nondualen modelliert hat. Der Große Wille, oder Wille 3 ist dementsprechend die nonduale Erscheinungsform der Entwicklungslinie der Volition.

Durch die Big-Mind-Technik können wir die Allgegenwart des Brahman-Atman leicht realisieren. Jeder kann diese Übung nachvollziehen, um einen kurzen Blick, eine Gipfelerfahrung, in die nonduale Natur seines Bewusstseins zu gewinnen. Es bedarf einer gewissen Übung und Disziplin, dieses Bewusstsein auch permanent zu machen und jene Gipfelerfahrung regelmäßig im Alltag zu manifestieren. Hier setzt gewöhnlich die jeweilige Methodik oder Disziplin ein, die dies ermöglichen soll: unterschiedliche Schulen, in denen das Individuum lernt, sein Bewusstsein zu navigieren, ob nun allgemein im Buddhismus oder speziell dem Zen-Buddhismus, im Raja-, Karma-, Bhakti- oder Jnana-Yoga.

---

59. Vgl. Genpo Roshi, Dennis, *Big Mind: Großer Geist - Großes Herz*, Bielefeld, 2008.

Doch wie wir bereits sagten, liegt allen Veränderungen stets der Wille zugrunde. Alle evolutionären und spirituellen Fortschritte bei der Weiterentwicklung des eigenen Bewusstseins basieren auf Wille. Denn er ist die Kraft, Veränderungen zu erzeugen. Genau das ist der Grund dafür, Wille als Generalisierung evolutionären und spirituellen Handelns zu betrachten. Die Techniken der unterschiedlichen Schulen mögen im Einzelnen voneinander divergieren, aber der Wille, der die Transformation und Weiterentwicklung bewirkt, bleibt derselbe. Folglich liegt es nur nahe, Wille auch als etwas zu begreifen, das diese Übersetzung von Big Mind/Big Heart in den Alltag ermöglicht. Doch wodurch zeichnet sich dieser Große Wille aus?

3. Nonduale Konzentration

> *Es gibt eine noch höhere Ebene, auf der die Denksubstanz wirksam sein kann. Sie kann das Bewusstsein überschreiten. So wie die unbewusste Tätigkeit sich unterhalb des Bewusstseins vollzieht, gibt es eine Tätigkeit, die sich oberhalb des Bewusstseins vollzieht und gleichfalls nicht von Ichgefühl begleitet ist. Ichgefühl gibt es nur auf der mittleren Ebene. Wenn die Denksubstanz sich ober- oder unterhalb dieser Linie hält, gibt es kein Gefühl eines „Ich", und doch arbeitet die Denksubstanz. Überschreitet sie diese Linie des Selbst-Bewusstseins, so wird sie Samadhi, oder Überbewusstsein, genannt. [Swami Vivekananda,* Raja-Yoga*]*

So wie auch Wille 1 und Wille 2 über eine konzentrative Geisteshaltung verfügen, die gleichermaßen Ausdruck des jeweiligen Willens sein kann wie auch das Mittel, um den entsprechenden Willen zu üben, so kennzeichnet sich die Psyche des Individuums von Wille 3 durch eine bestimmte konzentrative Geisteshaltung, nämlich die nonduale Konzentration, die, in Bezug auf die Meditation, je nachdem, auch *Dhyana* und *Samadhi* genannt wird.

Bei der sprachlichen Beschreibung der nondualen Konzentration besteht grundsätzlich die Schwierigkeit, dass – weil dieser Zustand trans-rational ist – er kaum angemessen rational beschreibbar ist. Insofern begnügen wir uns damit, auf die einschlägige hinduistische und buddhistische Literatur zu verweisen (die, je nachdem, mehr oder weniger erfolgreich diesen Versuch unternommen hat), und nehmen hier lediglich ein paar technische Charakterisierungen vor und schildern ein paar Konsequenzen.

Quantitativ zeichnet sich nonduale Konzentration dadurch aus, über die Fähigkeit zu verfügen, sich auf unbestimmte Zeit auf ein Meditationsobjekt konzentrieren zu können, ohne dabei irgendwelche psychischen Störungen zu erzeugen. Nonduale Konzentration ist frei von allem störenden Denken und hat die Differenzen von Subjekt und Objekt, von Selbst und Kosmos vollständig aufgelöst. *Qualitativ* kennzeichnet sich nonduale Konzentration durch eine neue Emergenz, die nicht mehr nur als eine Ausweitung des Flowmomentes verstanden werden kann. Nonduale Konzentration ist die Erfahrung von GEIST durch den GEIST, ist trans-rational, ist egofreies, kosmisches Bewusstsein. Konkreter: Es ist die Einheit aller drei Entwicklungslinien des Gesamtselbst, nämlich die nonduale Kognition, Emotion und Volition.

Indifferenz

Mit Wille 3 wird die Transzendierung jener Differenzen möglich, die zur Selbstkonstitution dienen, ob nun der Differenz von Selbst und Kosmos oder der beiden Domänen der Wirklichkeit oder der einzelnen Wirklichkeitsebenen. Was bleibt, ist dann genau genommen nicht Eines, sondern Nicht-Eines oder nonduales Bewusstsein.

Die wesentliche psychologische Emergenz, die mit Wille 3 einhergeht, ist Indifferenz, also die Unterschiedslosigkeit. Interessanterweise nannte Schelling das Absolute die ‚Indifferenz' von Subjekt und Objekt, also das, was zu beidem noch die Möglichkeit hat. Doch wir müssen uns erinnern, dass die Differenzen von Subjekt und Objekt bzw. von Selbst und Kosmos Differenzierungen der Psyche sind. Es sind diese Unterscheidungen, die unsere Beobachtungen von Kosmos und Selbst konstituieren. Mit anderen Worten könnte man mit Indifferenz also auch definieren: *Die Fähigkeit, nicht unterscheiden zu müssen.* Diese Fähigkeit, nicht unterscheiden zu müssen, ist es, die das Potential der Schöpfung der (psychischen) Welt in sich trägt. Der deutsche Philosoph Salomon Friedlaender, der einer der wichtigsten Impulsgeber im philosophischen Aufbruch des Expressionismus war, verfügte über einen ähnlichen Ansatz: Wie Lisbeth Exner festhält:

> In Übereinstimmung mit Nietzsche verzichtete Friedlaender auf eine jenseitige Instanz und versuchte, einen ethischen Bezugspunkt im einzelnen Menschen zu finden. Das einzelne Ganze, das Individuum, war ihm der Schöpfer selbst, der im Akt der Polarisation sich entzweit und alle Differenzen und Phänomene aus sich entspringen lässt. Die Mitte, der Nullpunkt, das Nichts oder die Indifferenz, die die Pole letztlich umfasst, nannte er die ‚(persönliche) Indifferenz, die lebendige Grenze'.[60]

60. Exner, Lisbeth, *Fasching als Logik. Über Salomon Friedlaender*, S. 193, Mynona, München, 1996.

Dieser ,Nullpunkt', diese Indifferenz hält das Potential der Differenzbildung in sich und damit die Schöpfung der Welt. Denn, wie wir einleitend sahen, basiert unsere gesamte (psychische) Weltschöpfung auf Beobachtung und das heißt, Unterschiede zu erzeugen. Meditative Konzentration stellt sich dann also einerseits als das Mittel dar, sich der unwillkürlichen Weltenkonstruktion zu entziehen und in das nonduale Samadhi einzutauchen. Andererseits geht mit der nondualen Konzentration aber auch das Potential einher, seine psychische Wirklichkeit, also: die psychischen Inkarnationen, erzeugen zu können.

4. Inkarnationen

Warum gibt es überhaupt etwas und nicht nur Nichts? Was ist geschehen? Wie konnte sich GEIST in der Form verlieren? Viele Philosophen haben auf diese Fragestellung sehr komplexe Antworten gegeben. Plotin beispielsweise meinte, dass das Eine sich in dem Nous entäußerte. Aus dem Nous entsteht die Weltenseele, daraus dann die Psyche oder der individuelle Geist, und daraus schließlich, auf der untersten Ebene des Seins, die Materie. Er nannte den gesamten Vorgang ‚Efflux'. Und dann, so glaubte er, kehrt das Eine zu sich selbst zurück in dem, was er ‚Reflux' nannte. Andere wie Sri Aurobindo verwendeten die Begriffe ‚Involution' und ‚Evolution' für den gleichen Vorgang – den Prozess, in dem sich GEIST zuerst herauswirft und sich in der Materie verliert, um dann allmählich zu sich selbst zurückzukehren und in sich selbst zu erwachen. Hegel hat mit einer detaillierten, dialektischen Argumentation von 800 Seiten zu zeigen versucht, dass Sein sich selbst in das Nichts entäußert und dass dann Sein und Nichts zusammen das Werden erschaffen, und dass sich das Werden entäußert und so weiter und so weiter, durch einen Prozess der Involution. Dann formulierte er es so: ‚Und dann ereignet sich ein Sprung in der Natur' und das ist der Urknall. Damit beginnt die Evolution. [Ken Wilber, in einem Interview des Magazins WIE?*]*

Wie wir in früheren Abschnitten schon erörtert haben, bringt Wille 1 die Kapazität mit sich, die psychische Wirklichkeit der Informations-Räume zu verändern. Wille 2, so hatten wir festgehalten, bringt die Fähigkeit, psychische Realität zu steuern. Wille 3 nun lässt sich praktisch dadurch charakterisieren, dass das Individuum fähig wird, seine psychische Wirklichkeit der Inkarnation zu verändern.

Wir hatten im ersten Teil dieses Buches Inkarnation als eine Menge oder Einheit von Realitäten beschrieben, die durch den Beobachter dritten Grades erzeugt wird. Inkarnation ist damit jene Form, durch die wir unsere Realitäten organisieren. Auch hatten wir erwähnt, dass dieses Konzept (in ähnlicher Form) der Psychologie nicht ganz unbekannt ist und von verschiedenen Autoren wahlweise schon ‚Lebensskript' oder ‚Lebensplan' genannt wurde.

Jede Inkarnation wirkt nur in der Aktualität und ergibt nur dort Sinn. Den Begriff der Inkarnation in einem anderen Sinn zu verwenden, beispielsweise mit der esoterischen Frage, welche ‚Inkarnationen' man vor seinem Leben hatte, fällt in den Bereich der unbeantwortbaren Fragen. Fragen dieser Art habe ich im Appendix zusammengestellt. Praktisch betrachtet hat eine Konzeption von ‚Inkarnation' keinen Sinn, wenn sie nicht in der Gegenwart verankert wird. Doch verankern wir sie in der Gegenwart, können wir beginnen zu erkennen, wie wir unsere Inkarnation tatsächlich verändern können.

Die unmittelbare Frage, die sich anschließt ist: Gibt es wirklich so etwas wie ‚Inkarnation' oder ‚Lebensskript'? Oder handelt es sich dabei lediglich um eine Vorstellung oder sinnhaftes Bild, deren Existenz uns hilft, bestimmte psychische Prozesse, bestimmte Selektionen und Entscheidungen, die wir im Leben treffen, besser zu verstehen? Doch auch hier gilt: Zunächst einmal ist eine Inkarnation tatsächlich nur eine psychische Vorstellung! Wir müssen uns etwas unter unserer Inkarnation vorstellen können, um eine Vorstellung von ihr zu haben. Ohne diese Vorstellung von unserer Inkarnation können wir sie und unsere psychischen Wirklichkeiten anschließend nicht verändern. Und dies ist dann auch gleichzeitig die Legitimation für die Vorstellung oder das Modell der Inkarnation: Wenn wir durch die Idee der Inkarnation unser Leben effektiver gestalten können, gibt es *a priori* keinen Grund, das Modell der Inkarnation abzulehnen.

Um das Wesen und die Funktion der Inkarnation besser zu begreifen, möchte ich festhalten, dass jede Inkarnation in einer besonderen, zweifachen Wechselbeziehung zu den anderen psychischen Wirklichkeiten steht. Ich möchte diese Wechselbeziehungen ‚Top-down' und ‚Bottom-up' nennen.

Top-down

Jede Inkarnation, als Menge von Realitäten, in die man involviert ist, legt bestimmte Erfahrungen nahe und schließt andere aus. Denn die inkarnativen Muster wirken ‚formbildend' für die Realitäten und Informations-Räume, sie wirken als Plan, Skript oder als Determinate dafür, welche Informations-Räume und Realitäten wir *de facto* ausformen. Jede Inkarnation tendiert dazu, *involutiv* das Potential für Realitäten zu legen, welche ohnehin schon zu der Inkarnation passen. Inkarnationen als solche wirken wie Attraktoren, die den Bereich dessen festlegen, was geschehen kann. Mit dieser ‚Top-down' genannten Vorgehensweise legt die Inkarnation ‚von oben' fest, welche Wirklichkeiten sich ‚unten' durch die Operationen der Beobachter formen.

Wir können auf diesen Top-down-Prozess durch den Beobachter dritten Grades im Allgemeinen, durch Konzentration im Besonderen, Einfluss nehmen. Dies kann dadurch geschehen, dass wir die Vorstellung unserer Inkarnation unseren Zielen gemäß anpassen und dann via Konzentration nach und nach im Alltag umsetzen, und damit die entsprechenden Realitäten und Informations-Räume verändern. Dies erfordert einen sehr hohen Konzentrationsgrad, um sich nicht von den alten Mustern stören oder ablenken zu lassen und dadurch auch den neuen Zielen angepasstes Verhalten zeigen zu können.

Bottom-up

Inkarnationen sind keine starren Muster. Inkarnationen verändern sich fließend, wenn und indem wir unsere Informations-Räume und Realitäten verändern. Verändern wir diese, verändert sich automatisch die Einheit der Inkarnation, denn wir haben ihre Elemente verändert. Die Richtung, in die sich die Inkarnation verändert, hingegen zielorientiert vornehmen zu können, ist eine Fähigkeit, die erst mit Wille 3 emergiert. Das Individuum kann so *evolutiv* und ‚von unten' Inkarnation verändern.

Das heißt, wir können durch den Beobachter dritten Grades im Allgemeinen, durch Konzentration im Besonderen, Einfluss auf diesen Bottom-up-Prozess nehmen, indem wir durch die zielorientierte Veränderung der Informations-Räume und der Realität die Inkarnation verändern. Das kann z.B. darin bestehen, dass wir uns nach und nach neue Fähigkeiten aneignen, so unsere Wirklichkeiten erweitern und die Gesamtheit unserer Wirklichkeiten, mithin den Attraktor der Inkarnation, verändern.

An dieser Stelle möchte ich ein Anschauungsbeispiel für die Navigation der Inkarnation anfügen, auch um nicht missverstanden zu werden, was die Komplexität dieser Entwicklungsstufe von Wille 3 angeht.

Ein Beispiel

Zu diesem Zweck möchte ich auf einen Sonderfall der Informations-Räume eingehen, nämlich jene, die nicht in der lokal-temporalen Domäne der Psyche geformt werden, sondern in einem anderen Bereich. In Teil 1 dieses Buches hatten wir die lokal-temporale Domäne der Psyche als 1. Wirklichkeit betrachtet und sie in Informationsräume, Realitäten und Inkarnationen differenziert. Doch es gibt nun einen weiteren Bereich, den ich die 2. Wirklichkeit nennen möchte und dessen Charakteristikum darin besteht, dass sie nonlokal-nontemporal ist. Auch in diesem Bereich können nun Informations-Räume geformt werden.

Die Informations-Räume der 2. Wirklichkeit erschließen wir uns beispielsweise im Schlaf (das Träumen). Im Folgenden bleiben wir bei dem Beispiel des Träumens, obwohl dies nur ein Anwendungsfall der 2. Wirklichkeit ist. Andere Anwendungsfälle schließen meditative Gipfelerfahrungen mit ein oder, wie Mircea Eliade in seinen Forschungen[61] zeigen konnte, bestimmte schamanische Ekstasen. Auch C.G. Jungs Archetypen, Platons Ideenwelt oder das okkulte Tarot sind Formen von Informations-Räumen in der 2. Wirklichkeit. Doch kommen wir aufs Träumen als nonlokal-nontemporaler Informations-Raum zurück: Wir können im Traum fliegen, Abenteuer erleben oder mit mythischen Wesen interagieren. Im Allgemeinen sind wir im Traum nicht an irgendwelche biologischen oder physikalischen Gesetzmäßigkeiten gebunden, Örtlichkeiten und Zeitlichkeiten verschieben sich fließend und manchmal scheinbar ohne Zusammenhang. Träume folgen ihrer ganz eigenen Logik, die meist nichts mit unserem Alltagsbewusstsein zu tun hat. Träume geschehen nicht in der 1. Wirklichkeit. Und auch wenn wir uns im Wachbewusstsein sagen, dass wir geträumt haben, ist dies doch eine lokal-temporale Perspektive, die nur gültig in diesem Bezugsrahmen ist und sofort ungültig wird, sofern man träumt. Selten (wenn überhaupt) denkt man im Traum: „Ah, eigentlich liege ich in Wirklichkeit ja im Bett, und tatsächlich ist es ca. drei Uhr morgens." Unser Bewusstsein scheint im Traum anderen Regeln zu folgen.

Es gibt also auch das ‚Hier und Jetzt' im Traume, ergo Informations-Räume, die als Menge aktualer Beobachtungen künftige Differenzierungen ermöglichen. Doch diese Informations-Räume der 2. Wirklich-

61. Vgl. Eliade, Mircea, *Schamanismus und archaische Ekstasetechnik,* München, 2006.

keit basieren nicht auf der ursprünglichen Beobachtung von Räumlichkeit, von Härte und Stabilität sowie der sequentiellen Zeitlichkeit, wie wir sie aus unserem Alltag kennen. Die psychischen nonlokalen-nontemporalen Informations-Räume geben uns den Eindruck einer viel flexibleren, akausalen und flukturierenden Erfahrungswirklichkeit.

Manchmal nun scheint die Bewusstheit im Traum stärker ausgeprägt. Wir träumen ganze Geschichten, an die wir uns im Wachbewusstsein erinnern. Manchmal sind es aber auch nur scheinbar zusammenhangslose Fragmente, an die wir uns erinnern. Hin und wieder aber werden wir uns im Traum bewusst, dass wir träumen. Bei jedem, der dies einmal erlebt hat, entbrennt die Faszination über das Träumen. Tatsächlich ist es so, dass man dieses wache, bewusste, ‚luzide Träumen' trainieren kann, und die Arbeiten von Stephen LaBerge sind in diesem Kontext ganz besonders zu empfehlen. Doch was bewirkt eigentlich den Unterschied zwischen klaren, luziden Träumen und – auf der anderen Seite – dem nur fragmentarischen Träumen?

Evident ist: Unsere Bewusstheit im Traum und unser Erinnerungsvermögen (z.B. an den Traum) sind an Sinn gekoppelt – und damit an den Beobachter zweiten Grades. Je mehr Sinn, je mehr Operationen der Beobachter zweiten Grades in der Domäne der 2. Wirklichkeit ausführt, desto höher die Bewusstheit und auch die Erinnerung an den Traum. Mit anderen Worten: Träume werden konsistenter, je mehr die einzelnen Bilder und Situationen (Informations-Räume) durch den Beobachter zweiten Grades sinnhaft organisiert werden, z.B. als Form von Geschichten und Episoden. Wir erinnern uns dementsprechend schlechter, wenn wir diese Informations-Räume weniger über sinnhafte Strukturen miteinander verbinden. Häufig ist es sogar so, dass wir immer wieder denselben Traum mit gar keinen oder nur sehr wenigen Variationen träumen – und wir uns an seine sinnhafte Struktur recht genau erinnern, auch wenn es uns gleichzeitig schwerfällt, die Bedeutung dessen zu erkennen, was wir episodisch träumen. Und normalerweise haben wir nicht die Fähigkeit, bewusst selbst entscheiden zu können, welchen Sinn wir im Traum verfolgen.

Wer träumt, erzeugt eine ihm eigene psychische Wirklichkeit. Luzides, also klares Träumen wird umso wahrscheinlicher, je mehr man lernt, die psychische Wirklichkeit mittels seines Beobachters dritten Grades zu navigieren. Vom phänomenologischen Standpunkt ist dann die psychische Realität des Traumes (in der Domäne der Nonlokalität) in keiner Hinsicht von der lokalen Realität zu unterscheiden, die die Psyche im ‚Wach'-Bewusstsein ausformt.

Dies ist dann die Fähigkeit von Wille 3 und dem Beobachter dritten Grades, die sich durch eine hohe Form von Konzentration ergibt: Seine Träume vollständig selbst auswählen und luzid durchleben zu können. In dieser Fähigkeit spiegelt sich die andere Fähigkeit, seine Inkarnationen navigieren zu können. Denn vom phänomenologischen Standpunkt gibt es keinen Unterschied zwischen der 1. und 2. Wirklichkeit. Und schlussendlich ist es ein Überprüfungskriterium für die Fähigkeit des Individuums, den Beobachter dritten Grades und Wille 3 vollständig ausgeformt zu haben.

5. Eine post-egoische Philosophie

Ein Realitätsrahmen, der darauf besteht, dass es nichts außerhalb der Gesetze der Physik gibt, ist an sich hochgradig metaphysisch. Also so sehr man es auch versucht, sobald man Fragen über die Natur des Universums stellt – wenn man Fragen über die wirkliche Natur der Evolution stellt – kann man die Metaphysik nicht vermeiden. [Steve McIntosh, Integrales Bewusstsein*]*

Ich möchte dieses Buch mit ein paar allgemeinen Gedanken in Bezug auf die Philosophie abschließen. Die Philosophie, die ‚Liebe zur Weisheit', gilt für gewöhnlich als kritisch-rationale Selbstüberprüfung des Denkens, als eine methodische Reflexion, die sich inhaltlich tendenziell auf eine Gesamtdeutung der Welt und der menschlichen Existenz richtet. Mit dieser Deutung der Welt und der Existenz beabsichtigt die traditionelle, kritisch-rationale Philosophie, die mit der psychischen und sozialen Entwicklungsstufe der Moderne und des modernistischen Bewusstseins/orangen Mems entstand, den Sinn des Lebens zu erkennen und – wenn möglich – ethische Richtlinien zu formulieren. Dabei unterscheidet man gewöhnlich zwischen theoretischer Philosophie und praktischer Philosophie, mit ihren jeweiligen Teilbereichen wie (unter anderem) Metaphysik, Erkenntnistheorie, Semiotik auf der einen und Ethik, Sozialphilosophie, Politikphilosophie auf der anderen Seite. Innerhalb dieser Teilbereiche gibt es nun grundsätzlich zwei Arten, wie philosophiert werden kann, nämlich die historische und die systematische Methode. Historisch arbeiten Philosophen dann, wenn sie versuchen, die Positionen und Thesen von anderen Philosophen zu interpretieren. Systematisch gehen Philosophen vor, wenn sie versuchen, zu einem bestimmten Problemfeld neue Perspektiven auszuarbeiten, die offenen bzw. unausgesprochenen Voraussetzungen einer bestimmten Frage oder Behauptung zu analysieren, oder wenn sie sich darum bemühen, die in bestimmten Fragen, Thesen oder Positionen verwendeten Begriffe zu klären.

Neben den vielen positiven Effekten und Resultaten, die die traditionell-rationale Philosophie gebracht hat, bestand ihr Problem stets in der Unmöglichkeit einer allgemeingültigen Fassung, da sich die vorhandenen philosophischen Ansätze grundsätzlich durch ihre Ungleichheit auszeichneten und sehr stark von den Lebensumständen und Erfahrungen desjenigen geprägt waren, der die jeweilige Philosophie aufgestellt hatte. Hinzu kommt, dass diese Lebensumstände natürlich von einem kulturellen Kontext abhingen. Philosophie war, wie Ken Wilber es wohl sagen würde, in diesem Sinne egoisch oder ethnozentrisch ausgerichtet und nicht weltzentrisch oder post-egoisch.

Eine post-egoische Philosophie

Eine post-egoische oder weltzentrische Philosophie des Willens, wie wir sie hier vorstellen, basiert auf dem Axiom der Co-Evolution von Kultur und Selbst, und stellt den Anspruch, für alle Menschen in allen Kulturen anwendbar zu sein. Diese Philosophie basiert auf der Bedeutung des Willens im Rahmen unserer kulturellen wie psychischen Entwicklung. Die menschliche Existenz ist der Evolution unterworfen, und der Mensch kann lernen, diese Evolution zu steuern. Mit der post-egoischen Philosophie wird also die Problematik der Uneinheitlichkeit der ethnozentrischen und egoischen Philosophie überkommen und gleichzeitig neuer Raum geschaffen für Subjektivität und persönliche Interpretation, wie die persönliche Evolution und Weiterentwicklung dann vorzunehmen ist. Die Philosophie wird unter die Herrschaft des Gedankens der Evolution gestellt.

Wie alle anderen kulturellen Errungenschaften unterliegt auch die Philosophie dem paradigmatischen Wandel der Zeit. Aus kritisch-rationaler Reflexion emergiert im frühen 20. Jahrhundert die kritisch-postrationale Reflexion, und zwar in vielen Bereichen des sozialen Lebens. Diese postrationale Reflexion integriert die Tatsache, dass wir nichts über die Welt oder unsere Existenz aussagen können, außer die Art und Weise, wie wir beobachten und erzeugen. Da Paradigmen unsere Weltwahrnehmung und unser Denken bestimmen, ist eine post-egoische Philosophie, die dies berücksichtigt, immer auch eine Philosophie der Selbstreferenz. Das heißt, postkonventionelle Philosophie bezieht grundsätzlich die Kognitionsfähigkeit und Reflexionsfähigkeit des Philosophen mit ein.

Rationale Philosophie untersucht die Beziehung des Menschen zur Welt und versucht anhand der Deutung dieser Beziehung zu ergründen, was der Sinn des Lebens ist. Demgegenüber untersucht eine post-konventionelle Philosophie die Möglichkeiten, wie wir diese Kontingenz der möglichen Welt- und Selbstbeschreibungen (kontingente Sinndimensionierungen) bewältigen können.

Der Sinn des Lebens

Unsere Evolution hängt ganz stark davon ab, wie wir unseren Sinn navigieren. Um mit Niklas Luhmann zu sprechen: Da die einzige Funktion von Sinn darin besteht, weiter Sinn zu erzeugen, (da Sinn die Einheit von Aktualität und Virtualität ist), kann der Sinn des Lebens nur darin bestehen, weiter Sinn zu erzeugen. Postkonventionelle Philosophie sucht nicht nach dem Sinn des Lebens, sondern basiert auf der Überlegung, dass der einzige Sinn der Existenz nur der sein kann, das Kontingenzproblem, (also dass wir die Welt und uns selbst auch immer anders sinnhaft beschreiben können) zu lösen, und zwar dadurch, dass wir uns selbst entwickeln. Da wir nun als Menschen nicht anders können, als durch unsere Beobachtungen und Beschreibungen Wirklichkeiten zu erzeugen, stellt sich die Frage, welche Wirklichkeiten sozial erzeugt werden können und sollen. Welchen Sinn sollen wir verfolgen? Eine post-egoische oder post-konventionelle Ethik ruft insofern dann immer Wille hervor, weil Wille das bewusst angewandte Instrument ist, Wirklichkeiten zu erzeugen. Die Kontingenzbewältigungsmethode postkonventioneller Philosophie liegt dabei also nicht in der Frage, was für ein Sinn in der menschlichen Existenz liegt, sondern wie wir durch Wille sinnvoll handeln können.

Sinnhaft ist, was Sinn ergibt. Wir Menschen können nicht ohne Sinn sein. Einen extern zu rechtfertigenden Sinn gibt es nicht. Wir leben nur mit dem Sinn, den wir intern erzeugen und für den wir uns entscheiden. Insofern macht Leben per se Sinn. Die Aufgabe der postkonventionellen Philosophie liegt dann darin, Kommunikation darüber anzuregen, welcher Sinn verfolgt werden kann. Und darüber gibt es gewiss unterschiedliche Auffassungen.

Die rationale, moderne Philosophie hat sich über Jahrhunderte damit beschäftigt, das Phänomen Wille zu deuten. Wille wurde als etwas verstanden, mit dem sich das Individuum in einer Welt bewegt und Dinge in dieser Welt verändert. Insofern hat sich die rationale Philosophie viel mit dem Ursprung und den Bedingungen von Wille beschäftigt. Ist der Wille frei oder unfrei, entstammt er den Affekten oder den höheren geistigen Bereichen? Je nach Perspektive und abhängig von persönlichen Glaubenssätzen des jeweiligen Philosophen wurde Wille unterschiedlich gedeutet. Der Verdienst einer integralen oder auch postkonventionellen Philosophie liegt darin, all diese Ansätze zu würdigen und dabei diejenigen hervorzuheben, die die Evolution fördern.

Mit dem Wandel von einer konventionellen zu einer post-konventionellen Philosophie findet eine Umdeutung des Phänomens Wille statt. Wie sich der Mensch entwickelt, wie sich die Philosophie selbst verändert, so muss auch unser Verständnis von Wille wachsen und sich verändern. Wir wissen mittlerweile, dass sich unsere psychischen Wirklichkeiten – also jene Wirklichkeiten, über die wir tatsächlich etwas aussagen können – mit unseren Entscheidungen verändern. Wie der Physiker, Kybernetiker und Konstruktivist Heinz von Foerster sagte, leben wir nicht in einer Welt, sondern mit ihr. Genau darin spiegelt sich das postkonventionelle Paradigma. Und diese Interpretationsverschiebung hat natürlich auch eine Konsequenz für unser Verständnis von Willen.

Wille hat also durch das post-konventionelle Paradigma weniger damit zu tun, was wir in einer Welt tun können, sondern vielmehr, wie wir die Wirklichkeiten erzeugen können, die wir erfahren wollen. Die Metaphysik der postkonventionellen Philosophie muss sich dann fragen, wie wir welche Wirklichkeiten erzeugen, und vor allem wozu. In genau dieser Hinsicht verändert sich auch die Frage nach der Ursache. Die Frage nach der Herkunft des Willens, wie sie in der rationalen Philosophie beantwortet wurde, ist nicht mehr länger von Bedeutung. Es findet eine Verschiebung von ‚Warum?' und ‚Woher?' hin zu dem post-konventionellen Ansatz des ‚Wozu?' und ‚Wie?' statt.

Eine post-egoische Metaphysik

Der Zweig der Philosophie, der Metaphysik genannt wird, versucht die gesamte Wirklichkeit, wie sie uns erscheint, in einen sinnvollen Zusammenhang – in ein einheitliches System – zu bringen. Sie untersucht die allgemeinen Strukturen der Welt und stellt die Frage nach dem Sinn des Seins. Wie die traditionell egoische Philosophie besteht die post-egoische oder auch post-konventionelle Philosophie auch aus den Diskursen über Metaphysik und Ethik. Jede metaphysische Diskussion muss in eine Ethik und damit moralische Handlungsmaximen münden, ansonsten ist die Diskussion bedeutungslos. Woraus kann aber eine postkonventionelle Metaphysik bestehen, wenn unsere Erkenntnisfähigkeit in Bezug auf eine absolute Welt begrenzt ist?

Indem wir andere post-konventionelle Ansätze, wie z.B. transpersonale Psychologie und Systemtheorie untersuchen, können wir uns einer Metaphysik annähern. Als einer der ersten post-konventionellen Psychologen beobachtete Carl Gustav Jung, dass die Weiterentwicklung eines Menschen nur möglich ist, wenn er das Numinose nicht ausklammert, sondern sich diesem Numinosen zuwendet, um es Schritt für Schritt zu entschleiern. Jung spricht also von einem transzendenten Gottesbild, das wir selbst unbewusst tragen, aber noch nicht völlig verstanden haben. Er behauptet während seiner Züricher Fragestunde:

> Wir sind keine Götter, wir sind einfach noch zu unbewusst.

Wir sind noch zu unbewusst! Für dieses Numinose, dieses ‚gestaltlose Göttliche' gibt es in der menschlichen Kultur viele Namen. Im Advaita Vedanta nennt man es Brahman-Atman, in der traditionellen Philosophie GEIST, in der Kabbala (der jüdischen Geheimlehre) Ain Soph und in der ägyptischen Seelenlehre Khabs. Wie Ken Wilber in seinen Schriften immer wieder betont, ähneln sich die esoterischen Aspekte jeder Religion und Mystik überall auf der Erde sehr, auch wenn sich ihre exoterischen Aspekte regional sehr stark unterscheiden können. Das ist in etwa auch die Kernidee der Freimaurerei, die durch die Theosophie um 1875 Einzug in die New Age und Esoterikbewegungen erhielt. Theosophie, so besagt eine These von Marty Bax, einer Kunsthistorikerin aus Amsterdam, war damals der Versuch, die traditionalistische Freimaurerei zu reformieren, mit dem „Nebenprodukt", dass deren Ideen exoterisch wurden. Daher ist jede Kultur so gesehen genuin esoterisch, da das Okkulte überall auf uns wartet. Das Numinose oder Okkulte wird in jeder Kultur gewürdigt, wird in esoterischer Hinsicht angestrebt, während die radikalen Exoteriker tatsächlich an die unbefleckte Empfängnis Marias oder die Teilung des Meeres durch Moses glauben. Das heißt, wir finden in jeder Kultur das dem Menschen inhärente Streben zu diesem Numinosen sowie regional betrachtet unterschiedliche Auffassungen, wie dieses Numinose erlangt werden kann. Man muss dabei betonen, dass über wahre Esoterik per definitionem nicht gesprochen werden kann. Esoterik, über die gesprochen wird, wird sofort zur Exoterik. Esoterik ist reine subjektive, spirituelle Erfahrung, Exoterik deren Systematisierung und Beschreibung, die kulturell variiert.

Esoterik – Exoterik

Will eine Philosophie postkonventionell sein, dann muss sie auch eine esoterische Metaphysik integrieren. Aufgabe einer solchen Philosophie ist es dann, eine Ethik beziehungsweise eine dauerhafte Kommunikation über moralisches Verhalten zu gewährleisten, wie das Numinose realisiert werden kann. Auf der anderen Seite muss betont werden, dass es sich bei der post-egoischen Philosophie nicht um Religion als solches handeln soll und darf, sondern um Kommunikation über Sinn und Kognition. Es geht um Wissen, nicht um Glaubensbekenntnisse oder Frömmigkeit. Bestenfalls kann man eine postkonventionelle Philosophie mit dem okkulten Slogan charakterisieren: Die Methode der Wissenschaft, das Ziel der Religion.

Wie können wir das Numinose nun erfahren, wenn unsere Erkenntnisfähigkeit begrenzt ist? Wir können versuchen, dieses Numinose in uns selbst zu finden. Indem wir uns öffnen, indem wir Kontakt zu unserer spirituellen Seite oder unsere Daimone aufnehmen, können wir es entdecken. Wilber hierzu:

> Die esoterische Religion, die eine Sache der direkten Erfahrung und des persönlichen Gewahrseins ist, verlangt von Ihnen nicht, etwas gläubig anzunehmen oder gehorsam irgendwelche Dogmen zu schlucken. Sie ist vielmehr so etwas wie eine Reihe persönlicher Experimente, die Sie wissenschaftlich im Labor des Bewusstseins durchführen. Wie alle Wissenschaft stützt sie sich auf direkte Erfahrung, nicht auf bloße Gläubigkeit oder Wunschdenken; und sie wird öffentlich überprüft und bestätigt durch jene, die das Experiment ebenfalls durchgeführt haben. Das Experiment heißt Meditation [...] Diese Meditation ist nicht etwas Privates. Nicht mehr als, sagen wir, Mathematik. Es gibt zum Beispiel keinen äußeren Beweis dafür, dass minus eins zum Quadrat gleich eins ist. Es gibt dafür keinen sensorischen oder empirischen Beweis. Dennoch ist es so, aber das ist nur durch innere Logik zu beweisen. Minus eins finden Sie in der Außenwelt nicht; aber Sie finden es in Ihrem Bewusstsein.[62]

Wir können das Numinose erfahren (wollen). Hier kommt der Daimon ins Spiel: Wie erwähnt, ist das wesentliche Charakteristikum daimonischen Handelns der Zustand des Nicht-Tuns während des Tuns, also die von allen Bindungen befreite Ekstase des Handelns. In diesem Nicht-Tun öffnen wir uns dem Kosmos, dem GEIST, und können mit ihm verschmelzen. Gerade in der Meditation tritt dies deutlich in Erscheinung.

62. Wilber, Ken, *Mut und Gnade*, S. 209, München, 1996.

Doch Nicht-Tun und damit auch Nicht-Unterscheiden im alltäglichen Handeln nenne ich Lebenskunst. Dies bedeutet, in Form von Mühelosigkeit, Kreativität und Glück seinen wahren Willen zu leben. Das Numinose ist der unendliche, gestaltlos-göttliche Raum, frei von jedem Unterschied und jeder Unterscheidung. Was bleibt, ist der Moment inhaltsfreier Reflexion.

6. Tu, was Du willst

Wer keinen Sinn im Leben sieht, ist nicht nur unglücklich, sondern kaum lebensfähig. [Albert Einstein]

Die ganze Entwicklung, die wir hier skizzierten, ist die Entwicklung des Selbst, beginnend beim ersten Aufbegehren des Willens zum Selbst, über den mühelosen Willen und das wahre Selbst, hin zur Transzendierung des Selbst als nonduales Trans-Selbst.

Unsere Betrachtungen legen in diesem Kontext drei Thesen nahe:

1) Jede individuell initiierte und forcierte Evolution basiert auf Willen.
2) Jede Anwendung von Willen führt zur Evolution des Geistes.
3) Es gibt keinen Endpunkt der Evolution des Geistes, solange Wille angewendet wird.

Evolution heißt immer: Ausdifferenzierung des Systems, ob nun in biologischer, physikalischer oder psychologischer Hinsicht. Evolution ist immer eine Änderung von systemischen „Strukturen durch Variation, Selektion und Restabilisierung".[63] Eine selbstinitiierte Änderung psychischer Strukturen basiert, wie wir gesehen haben, immer auf dem eigenen Willen, denn nur über Wille besteht die Möglichkeit, die Grenzen alter Strukturen zu verändern. Folgerichtig heißt das, dass jede Anwendung von Willen zur Evolution des Geistes führt. Und schließlich zeigt diese Analyse auch, dass Umstrukturierung und Erweiterung immer möglich ist: Es gibt keinen Endpunkt in der menschlichen Entwicklung.

Durch unsere Überlegungen ist nun deutlich geworden, dass die Entwicklung des Selbst mit dem des Willens auf das Engste verbunden ist – und umgekehrt. Jede Entwicklung des Willens führt zur Evolution des Selbst. Und jede Entwicklung des Selbst führt zur Evolution des Willens. Wille und Selbst müssen, um höheres Bewusstsein zu erlangen, als Einheit gedacht werden.

---

63. Luhmann, Niklas, *Soziale Systeme*, S. 575, Frankfurt am Main,1986.

Die Erlangung/Erzeugung höherer Bewusstseinszustände erfordert nicht mehr zwingend eine Religion oder Glaubensrichtung, weder Christentum noch Zen oder Yoga, sondern basiert einfach auf der Anwendung psychologischer Prinzipien, nämlich dem Prinzip der Wirklichkeitskonstruktion des Selbst über Wille und Liebe.

Wir haben Wille post-egoisch konstruiert. In diesem Sinne haben wir Wille an zwei Phänomenbereiche gekoppelt: Zum einen die Entwicklung des Selbst – und damit die Entdeckung und Formung des Daimons – und zum anderen die Entfaltung des Potentials, seine psychischen Wirklichkeiten navigieren zu können. Wille 1 kennzeichnet sich immer durch Kraft und Lust, also durch jene körperliche Intensität, durch die man neue Ziele erreicht. Diese neuen Ziele kennzeichnen sich immer durch Informations-Räume, denen das Element der Neuheit inhärent ist. In dieser Neuheit fanden wir ein Überprüfungskriterium für den Vollzug von Wille 1. Wille 1 ist die Fähigkeit, über sich selbst hinauszuwachsen. Über den einfachen Willen tritt man immer in Kontakt mit dem Teil des Selbst, das schöpferisch ist: den Daimon. Durch den Mut, diesem Daimon entgegen vieler sozialer und psychischer Konventionen zu folgen, das zu tun, was man will, öffnet man nach und nach alle Tore zum wahren Selbst.

Wille 2 basiert auf der Erkenntnis des Selbst, beziehungsweise besser: Der Selbst-Kenntnis. Wille ist hier immer mit dem Selbst in Übereinstimmung, in Form des Daimons der Evolution. Der wahre Wille ist der Ausdruck des wahren Selbst und das Individuum folgt in intimer Kenntnis jenem Lichtfunken, der ewig geht. Alles Verhalten geschieht in Übereinstimmung mit dem wahren Selbst, und auch hier gilt der Rückschluss: Weil immer gewollt wird, wird das, was erlangt wird und das, was geschieht, immer als Resultat des eigenen Willens erkannt. Aus diesem Grund geschieht hier Wille auch mühelos, denn es ist dieser intime Funke, der geht. Alles steht dann im Dienste der Evolution, es gibt keinen Aspekt im Alltag, der nicht Wille oder Flow ist. Existenz ist hier reine Freude.

Wille 3, der Große Wille, wirkt immer als die nonduale Einheit von Selbst und Kosmos. Dabei gilt: Wirklich ist immer das, was wirklich gemacht wird. Das bezieht sich gleichermaßen auf die Selbst-Kenntnis sowie auf die Beobachtung der Wirklichkeit. Der Große Wille umspannt alles und erweckt alles. Er ist das Bewusstsein über die Schöpfung der Welt.

Appendix: Die 10 Großen Fragen

Nur unentscheidbare Fragen kann man entscheiden. [Heinz von Foerster]

Das Streben der Menschheit als Ganzes (einzelner Kulturen, Subkulturen sowie des Individuums) basiert – mehr oder weniger explizit – auf 10 existentiellen ‚großen' Fragen und dem Versuch, diese zu beantworten. Jede Beantwortung bleibt ein Versuch, denn es ist das Wesen dieser Fragen, dass sie prinzipiell unentscheidbar sind. Unsere Vernunft reicht nicht aus, sie zu beantworten. Unsere Kognition hat Grenzen – genau deshalb sind sie unentscheidbar, genau deshalb sind sie die großen Fragen der Existenz. Einer Beantwortung kann man sich stets nur annähern.

In diesem Sinne spiegelt sich in dem ewigen Versuch, diese Fragen zu beantworten, das menschliche Streben als solches und der Drang zu wachsen und über sich hinauszuwachsen. Und genau deshalb formt jede näherungsweise Beantwortung dieser unentscheidbaren Fragen in reflexiver Weise Individuum, Kultur und Subkultur. Denn unsere Kultur, mit all ihren Subsystemen, Subkulturen, Matrizen, Philosophien, Metaphysiken und Weltanschauungen ist nichts als der Versuch, diese 10 großen Fragen zu beantworten. Wissenschaft, Religion, Kunst, Liebe, Wirtschaft, Politik etc. basieren auf diesen Fragen und haben das Unentscheidbare entscheidbar gemacht. Doch auch wenn diese sozialen Weltanschauungen und Matrizen vorgeben, die 10 großen unentscheidbaren Fragen beantwortet zu haben, sind sie dennoch nur eine Annäherung. Die 10 Fragen sind niemals vollständig zu beantworten.

Jeder kennt diese Fragen. Der Einfachheit halber möchte ich diese 10 Fragen in 3 Gruppen unterteilen. Die erste Gruppe von Fragen bezieht sich auf die Natur des Universums, die zweite Gruppe auf die Natur des Geistes und die dritte Gruppe auf die Natur der Beziehung zwischen diesen beiden. Folgend ein kurzer Überblick:

Die erste große Frage ist die nach dem Wesen des Universums. Was ist die Natur dieses Universums? Dies ist eine Frage, die mit der Bewusstwerdung des Menschen emergiert, der beginnt, seine Umwelten zu untersuchen. Diese Umwelten können biologischer, physikalischer, wirtschaftlicher, sozialer etc. Natur sein. Der Mensch untersucht die Natur und deckt Gesetzmäßigkeiten und Strukturen dieses Universums auf. Antworten auf diese Frage führen in geschichtlicher Hinsicht betrachtet zur Institutionalisierung der Wissenschaft durch die Tradierung und Ausdifferenzierung wissenschaftlichen Denkens. Diese Frage nach der Natur des Universums ist deshalb unentscheidbar, weil die Suche nach den Gesetzmäßigkeiten, Elementen und dem Wesens des Universums niemals endet. Man wird immer neue Aspekte des Universums aufdecken, immer neue Phänomene entdecken, immer neue Gesetzmäßigkeiten erkennen.

Auch die zweite große Frage bezieht sich auf dieses Universum. Sie lautet: Woher kommt dieses Universum? Sie ist deshalb eine unentscheidbare Frage, weil wir niemals wissen können, was vor dem Urknall war. Es entzieht sich auch unserer Vernunft, wie ein ganzes Universum in einen kleinen Punkt passen kann. Dennoch können wir diese Frage entscheiden. Wir können Gott als Ursache dieses Universums annehmen oder die Vorstellung eines pulsierenden Universums, das sich entfaltet und wieder in sich zusammenfällt und dann wieder mit einem Urknall neu beginnt oder 1000 andere mögliche ‚Ursachen'. Doch die Unentscheidbarkeit bleibt: Woher stammt dieses Universum? Hässliche Auseinandersetzungen (Glaubenskriege, akademische Streitigkeiten etc.) toben um diese Frage, denn diese Frage kreist auch darum: Woher kommen wir, gibt es auch intelligentes Leben auf anderen Planeten und wie wahrscheinlich oder unwahrscheinlich ist unsere Existenz? Diese Streitigkeiten werden erst aufhören, wenn man erkennt, dass nicht nur die eigentliche Frage unentscheidbar ist, sondern dass jede Kultur ihre eigenen Wege hat, diese Frage zu entscheiden und zu beantworten.

Die dritte große Frage, und die letzte der ersten Gruppe, geht in genau die andere Richtung: Wohin entwickelt sich dieses Universum? Wieso ist diese Frage wichtig? Sie ist deshalb wichtig, weil Folgendes mit ihr einhergeht: Wird die Menschheit als Teil dieses Universums überleben? Will we make it? Wir müssten fast ewig leben, um diese Frage zu beantworten. Wir können Modelle über die Richtung des Universums oder die Richtung der Menschheit formen. Wir können ethische Richtlinien zu unserem Überleben entwerfen und wir können danach streben, als biologische Wesen, als Rasse zu überleben, aber wissen, ob wir überleben, können wir nicht.

Wissen, ob man überlebt, wird man nur, wenn man das auch tatsächlich beobachtet, also wenn man es tatsächlich geschafft hat. In unseren religiösen, philosophischen wie wissenschaftlichen Bestrebungen wird die Bedeutung dieser zweiten und dritten Frage offenbar. Und es zeigt sich, dass eine Beantwortung der zweiten Fragen auch nahe legt, wie wir Frage drei beantworten. Wenn wir nämlich entscheiden, woher wir kommen, entscheiden wir auch, wohin wir gehen.

Während sich somit die erste Gruppe von Fragen um Außenansichten und Perspektiven zu einem manifesten Universum dreht, geht es in der zweiten Gruppe von Fragen um Innenansichten. Während wir das Universum wie von außen begreifen wollen und nur Außenansichten erzeugen können – was sind z.B. die Gesetzmäßigkeiten von Neutronenstrahlung, wie funktionieren Neurone, welche Verhaltensweisen zeigt mein Nachbar etc.? –, so kann ich vom Geist nur subjektive Innenansichten erzeugen.

Die vierte große Frage fragt also nicht mehr nach dem manifesten und lokalen Universum, sondern nach der viel subtileren und nonlokalen Domäne des Geistes: Was ist Geist? Damit einhergehend: Was ist Seele, was ist Psyche und was ist Bewusstsein? Und vor allem: Wer bin ich? Diese Frage ist hochkomplex in seiner Natur, nicht nur wegen des folgenden Zusammenhangs: Geist (und alle mit ihm zusammenhängenden Phänomene wie Bewusstsein, Psyche etc.) scheint sich dem Wort und der Vorstellung dessen zu beugen, der sie beschreibt. Denn mit unseren Beschreibungen fügen wir dem Geist eine weitere Vorstellung hinzu. Folglich bleibt unsere Beschreibung von Psyche oder Bewusstsein immer unvollständig. Es ist unmöglich, Geist, Psyche und Bewusstsein vollständig zu erfassen – ebenso unmöglich, wie das Universum vollständig zu erfassen. Zu komplex ist unser Innenleben. Wir müssten unseren Geist und das Universum von außen betrachten können, um zu wissen, was er/es ist, doch das können wir nicht, weil wir in Bezug auf Geist im Innen gefangen und unfähig sind, eine Außenansicht zu erzeugen. Und doch führt der stete Versuch, diese Frage zu beantworten, zur Psychologie, zur Kunst und zur Idee der Evolution der Psyche, des Bewusstseins und dem Drang, die menschlichen Potentiale herauszufinden und zu kristallisieren. Der Versuch, die Frage ‚Wer bin ich?' zu beantworten, ist eine der größten Motivationen der Menschheitsentwicklung und Geschichte. Und gleichzeitig ist sie niemals vollständig zu beantworten, weil wir uns immer weiterentwickeln.

Die fünfte große Frage bezieht sich auf den Ursprung des Geistes: Woher kommt Geist? Damit einhergehend: Woher komme ‚ich'? Wie entsteht ‚ich'? Emergiert Geist als ein Epiphänomen materieller Prozesse? Oder ist Geist schon immer gewesen? Kann man Bewusstsein erweitern, und wenn ja, wie? Wie entsteht überhaupt Bewusstsein (über etwas)? Wozu entsteht Psyche? All diese Fragen sind hoch subjektiv – entgegengesetzt zu den ‚objektiven' Fragen der ersten Gruppe. Deshalb kann man sie auch niemals vollständig beantworten. Man müsste eine objektive Außenansicht über die Emergenz von Psyche oder ‚ich' haben, um diese Frage beantworten zu können.

Die sechste große Frage bezieht sich auf die Richtung geistiger Prozesse: Wohin geht Geist/Psyche/Bewusstsein? Damit einhergehend: Was geschieht mit Geist/Psyche/Bewusstsein, wenn mein Körper stirbt? Wohin gehe ich? Diese Frage ist deshalb unentscheidbar und eine der großen Fragen, weil wir erst sterben müssen, um sie zu beantworten. Und doch scheint es ‚mir' manchmal eine der wichtigsten Fragen überhaupt zu sein. Was geschieht, wenn ich sterbe?

Dies war die zweite Gruppe von Fragen. Die dritte Gruppe von Fragen versucht, eine Einheit aus subjektiven und objektiven, äußerlichen und innerlichen Fragen zu bilden und das Universum wie auch den Geist miteinander in Beziehung zu setzen. Häufig wird diese Einheit aus Geist und Universum einfach nur KOSMOS genannt.

Die siebte große Frage (und die erste der dritten Gruppe) lautet also: Was ist die Beziehung von Universum und Geist? Was ist Kosmos? Wie ist die Einheit ALLER Phänomene beschaffen? Nicht selten wird über diese Frage gestritten. Manche leugnen Geist (z.B. materialistische Wissenschaftler), andere leugnen die Evidenz des Universums (z.B. philosophische Solipsisten). Dazwischen gibt es hunderte von philosophischen Spielarten, um eine Antwort auf diese Frage zu finden. (Die sogenannte integrale Perspektive nimmt an, dass alle Spielarten gleichermaßen wahr sind.) Eine Antwort auf diese Frage formt unsere kulturelle und persönliche Geschichte. Natürlich kann man auch diese Frage nicht vollständig beantworten. Dennoch gibt es immer wieder verwegene Versuche, eine ‚Theorie von Allem' zu erschaffen, aber sie muss zwangsläufig scheitern. Eine Theorie nämlich, die alles erklärt, erklärt praktisch nichts.

Auch die achte große Frage bezieht sich auf diese Beziehung zwischen Universum und Geist: Das ist die Bedeutung und Funktion meiner Psyche, meines Bewusstseins, meiner Seele in diesem Universum? Was ist mein Platz im Universum, was ist meine Aufgabe? Sie ist unentscheidbar: Es gibt niemanden, der einem sagen könnte, was die eigene Aufgabe ist, noch steht dies irgendwo geschrieben. Doch diese unentscheidbare Frage zwingt uns, unser Leben selbst in die Hand zu nehmen. Welche Beziehungen gehen wir ein, welche Taten wollen wir tun.?

Die neunte große Frage lautet: Was ist Liebe? Damit einhergehend: Wie kann ich lieben? Wen soll ich lieben? Wen darf ich lieben? Für wen soll ich etwas tun? Unsere gesamte sexuelle Sozialisierung basiert auf dieser Frage. Es ist das Mehr an Liebe, wonach das Individuum sich immer sehnt, gebend oder nehmend, egal wie fortschrittlich oder erleuchtet so ein Individuum ist. Denn durch die Liebe transzendieren wir uns und stellen eine Bindung zwischen Geist und Universum her.

Die zehnte große Frage lautet: Was ist Wille? Was soll ich tun? Zu welchem Zweck soll ich etwas tun? Die Frage, die damit zusammenhängt: Werde ich durch meine Handlungen überleben? Sind meine Handlungen passend und können sie mein Überleben sichern? Auch durch den Drang, diese Frage zu beantworten, stellen wir eine Beziehung zwischen Geist und Universum her. Wir müssen leben, um zu überleben. Wir müssen wollen, um zu erlangen, und wenn wir erlangt haben, wird die Frage bedeutungslos. Wir können nicht im Vorfeld wissen, ob wir erfolgreich sein werden. Wir müssen immer weiter suchen, uns immer wieder neu entscheiden, immer neue Pfade gehen und uns überraschen lassen vom KOSMOS und seinen Wundern.

Dies sind die 10 Fragen. Beantworten muss man sie selbst.